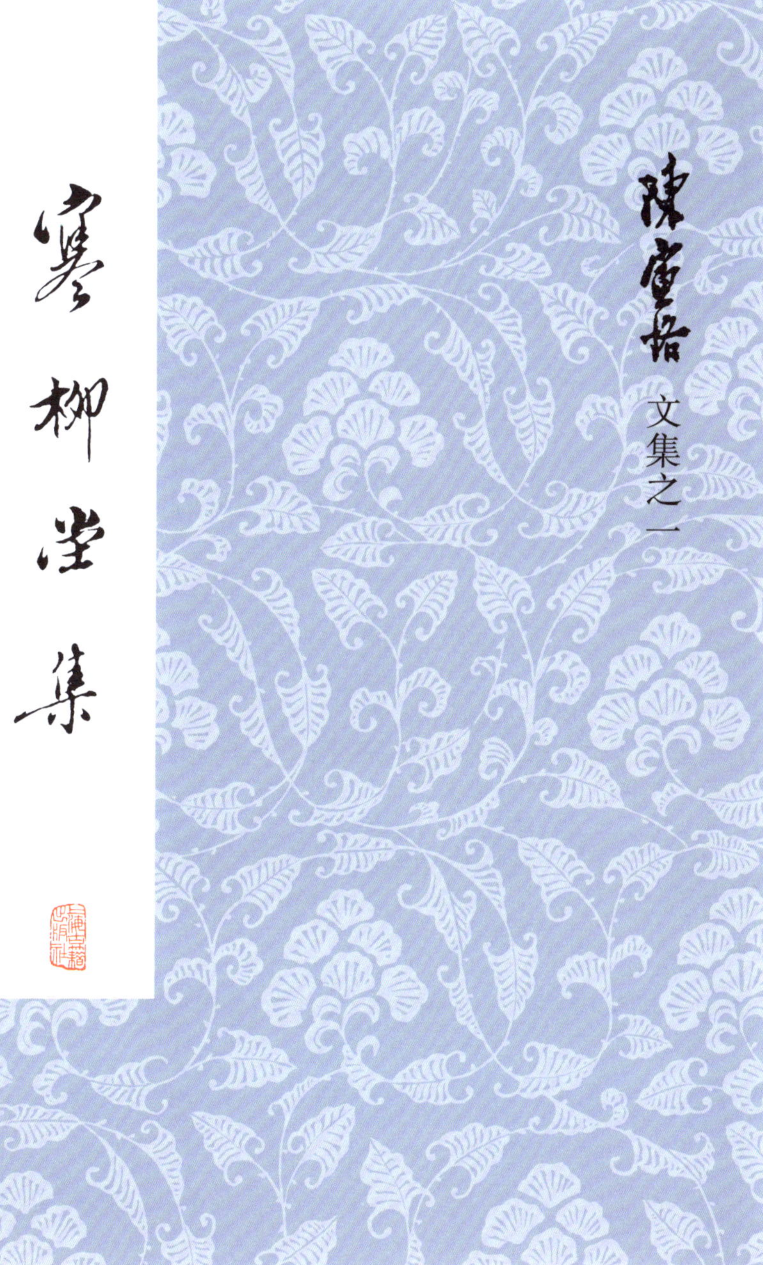


# 寒柳堂集

上海古籍出版社

**圖書在版編目(CIP)數據**

寒柳堂集 / 陳寅恪著. —上海：上海古籍出版社，2020.7（2024.4 重印）
（陳寅恪文集）
ISBN 978-7-5325-9658-4

Ⅰ.①寒… Ⅱ.①陳… Ⅲ.①陳寅恪(1890-1969)—文集 Ⅳ.①C52

中國版本圖書館 CIP 數據核字(2020)第 109026 號

陳寅恪文集

**寒柳堂集**

陳寅恪 著

上海古籍出版社出版發行

（上海市閔行區號景路 159 弄 1-5 號 A 座 5F 郵政編碼 201101）

（1）網址：www.guji.com.cn

（2）E-mail：guji1@guji.com.cn

（3）易文網網址：www.ewen.co

常熟人民印刷廠印刷

開本 890×1240 1/32 印張 9.5 插頁 8 字數 183,000

1980 年 6 月第 1 版 2020 年 7 月第 2 版 2024 年 4 月第 2 次印刷

印數：3,101—4,200

ISBN 978-7-5325-9658-4

K·2854 定價：66.00 元

如有質量問題，請與承印公司聯繫

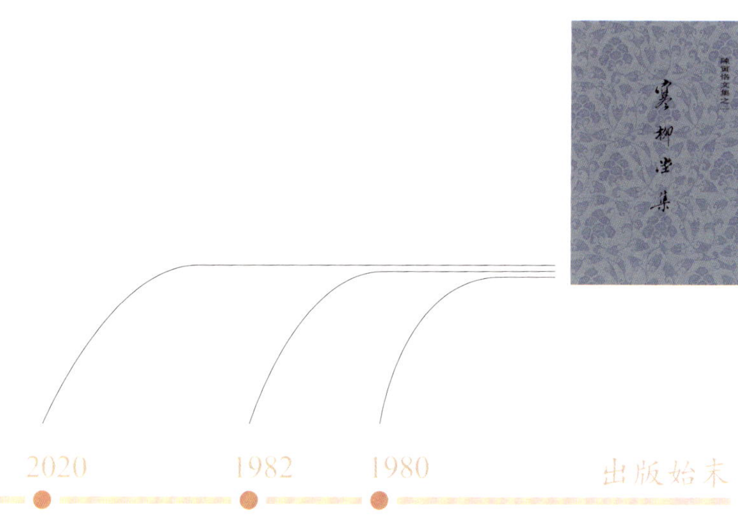


# 出版始末

1980

《寒柳堂集》由蔣天樞教授依據陳寅恪先生生前校訂本及稿本編成。一九八〇年六月首度出版，爲《陳寅恪文集》之第一種。

1982

一九八二年一版二印增《詩存補遺》於書末，並據各方意見更正少量訛誤。

2020

二〇二〇年，爲紀念《陳寅恪文集》出版四十周年，我社推出重版影印套裝《陳寅恪文集》（紀念版）及單行排印本。

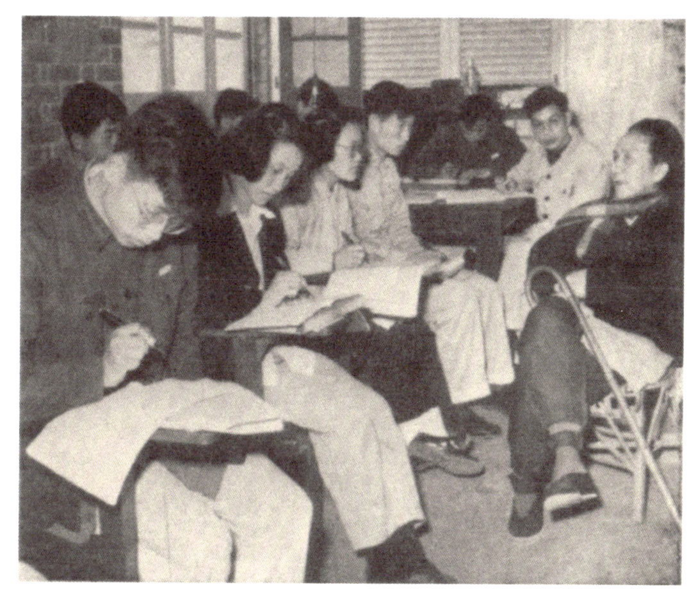

作者在廣州中山大學寓宅廊中授課

蒙自南湖

景物居然似舊京荷花海子憶昇平橋邊鬢影還明滅樓外笙歌雜醉醒南渡自應思往事北歸端恐待來生黃河難塞黃金盡日暮人間幾萬程

己卯春日劉宏度寄示長篇中有萬里乾坤百年身世之句感賦

得讀新詩已淚零不須藉卉對新亭路人苦信烏頭白野老驚迴柳眼青萬里乾坤孤注盡百年身世短炊醒入山浮海俱無謂悔恨平生識一丁

夜讀簡齋集潭州諸詩感賦

我行都在簡齋詩今古相望轉自疑只謂潭州燒小劫豈知楊獠舞多姿還家夢破懨懨病去國魂消故故遲誰挽建炎新世局昏燈掩卷不勝悲

錄呈

在宥先生 藉博一笑

寅恪

作者手迹

1.

三國志曹沖華佗傳與佛教故事

（載清華學報第六卷第一期）

陳承祚著三國志，下筆謹嚴。裴世期為之註，頗取小說故事以補之，轉失陳書去取之意，後人多譏之者。實則三國志本文往往有佛教故事，雜糅附益於其間，特跡象隱晦，不易發覺其為外國輸入者耳。今略舉數事以證明之，或亦審查古代史料真偽者之一助也。

魏志卷二十鄧哀王沖傳云：

「鄧哀王沖字倉舒，少聰察岐嶷，生五六歲，智意所及，有若成人之智。時孫權曾致巨象，太祖欲知其斤重，訪之群下，咸莫能出其理。沖曰，置巨象大船之上，而刻其水痕所至，稱物以載之，則校可知矣。太祖大悅，即施行焉。」

葉水心習學記言卷二十七論此事曰：「倉舒童孺，而有仁人之心，延年稱象，為世開智物理，蓋天稟也。」是直信以為事實。何義門以倉舒死於建安十三年前，知其事為妄飾，而疑置水刻舟，算術中或本有此法。邵二雲據能改齋漫錄引符子所載燕昭王命水官浮大豕而量之，謂其事已在前。（見梁章鉅三國志旁證卷十四）然皆未得其出處也。攷北魏吉迦夜共曇曜譯雜寶藏經卷一棄老國緣云：

「天神又問，此大白象有幾斤，而群臣共議，無能知者。亦募國內，復不能知。大臣問父，父言，置象船上，著大池中，畫水齊船，深淺幾許，即以此船量石著中

共四頁

25×24=600

三國志曹沖華佗傳與佛教故事稿本

## 贈蔣秉南序

清光緒之季年，寅恪家居白下，一日偶檢架上舊書，見有易堂九子集，取而讀之，不甚喜其文，唯深羨其事。以為魏丘諸子值明清嬗蛻之際，猶能兄弟戚友保聚一地，相與從容講文論學於乾撼坤岌之際，不謂為天下之至樂大幸不可也。當讀是集時，朝野尚稱苟安，寅恪獨懷辛有索靖之憂。果未及十稔，神州沸騰，寰宇紛擾。寅恪亦以求學之故，奔走東西洋數萬里，終無所成。凡歷數十年，遭逢世界大戰者二，內戰更不勝計。其後失明臏足，棲身嶺表，已奄奄垂死，將就木矣。默念平生固未嘗侮食自矜，曲學阿世，似可告慰友朋。至若追蹤昔賢，幽居疏屬之南，汾水之曲，守先哲之遺範，託末契於後生者，則有如方丈蓬萊，渺不可即，徒寄之夢寐，存乎遐想而已。嗚呼！此豈寅恪少時所自待及異日他人所望於寅恪者哉？雖然，歐陽永叔少學韓昌黎之文，晚撰五代史記，作義兒馮道諸傳，貶斥勢利，尊崇氣節，遂一匡五代之澆漓，返之淳正。故天水一朝之文化，竟為我民族遺留之瑰寶。孰謂空文於治道學術無裨益耶？蔣子秉南遠來問疾，聊師古人朋友贈言之意，草此奉貽，庶可共相策勉云爾。甲辰夏五七十五叟

稿紙 20X25=500

贈蔣秉南序稿本

# 出版説明

陳寅恪先生作爲二十世紀極具影響力的歷史學家，以其深厚的學養及獨到的學術眼光聞名於世。他的著述，也成爲一代又一代研治中國文史者的必讀之書。早在二十世紀五十年代，上海古籍出版社的前身古典文學出版社，即出版了經陳先生修訂的《元白詩箋證稿》；又約請陳先生將有關古典文學的論著編集出版（陳先生應允後，擬名爲《金明館叢稿初編》），並聯繫出版其正在撰寫的著作《錢柳因緣詩釋證》（後更名爲《柳如是別傳》），但兩書未能及時出版。一九七八年一月，上海古籍出版社正式更名成立，便立即重印了《元白詩箋證稿》，並接受了陳先生弟子、復旦大學教授蔣天樞先生的建議，啓動《陳寅恪文集》（以下或簡稱《文集》）的出版工作。一九八〇年至一九八二年間，我社陸續出版了《寒柳堂集》、《金明館叢稿初編》、《金明館叢稿二編》、《隋唐制度淵源略論稿》、《唐代政治史述論稿》、《元白詩箋證稿》、《柳如是別傳》，共七種著作。其中，《隋唐制度淵源略論稿》據中華書局一九六三年版紙型重印，《唐代政治史述論稿》據三聯書店一九五七年一版二印紙型重印，《元白詩箋證稿》據上海古籍出版社一九七八年版重印；《寒柳堂集》、《金明館叢稿初編》、《金明館叢稿二編》、《柳如是别傳》四種，都是首次出版。作爲第一次對陳寅恪先生著作的規模性出版，《文集》在當時引起了巨大的反響，也讓更多人認識到陳寅恪先生的學術成就及思想的價值。

陳寅恪先生的著作能夠成爲當代學人眼中的經典，與出版社諸位前輩們的努力密切相關。而蔣天樞先生，爲校訂自己老師的書稿不計得失、殫精竭慮的事迹，業已成爲一段學林佳話。他不僅首先向出版社提出編集建議，而且主動承擔了陳先生文稿的搜集整理和校勘工作。他對《陳寅恪文集》的順利出版作出的貢獻值得後人永遠銘記。

二〇二〇年是《陳寅恪文集》出版的四十周年，爲紀念陳寅恪先生、蔣天樞先生以及爲《文集》的出版付出過辛勤勞動的上海古籍出版社的前輩們，我社先以影印的形式推出了《陳寅恪文集（紀念版）》。本次出版，又對《文集》進行了重排重校，優化版式，以面向更廣大的讀者。

四十年前出版的《陳寅恪文集》，經過蔣天樞先生手訂，本着絶對尊重陳寅恪先生的理念，對陳寅恪先生文稿中的語言、用字、引文甚至是標點符號都不輕易改動。因此，初版《文集》有其特别的著述、標点體例，而這些無不透露着陳寅恪先生的學術個性、蔣天樞先生謹守師法的良苦用心以及上海古籍出版社的前輩們尊重先賢的獨特匠心。故本次重排，也是本着尊重前賢的理念，除了對原版《文集》的版式稍作優化外，對《文集》的特殊體例，如無書名號、卷號以大寫數字表示等，一仍其舊，僅對個别體例和標點酌情進行了處理。在文字的校改方面，僅修改了可以確認爲傳抄之誤與排版之誤的地方。陳寅恪先生徵引文獻常不注明版本，或所據之版本與今常用之本不同，或節引述略，或喜合數條材料爲一，故不便遽以通行版本校改。唯《元白詩箋證稿》一書，自一九五八年出版後，陳寅恪先生又於一九五九年、一九六五年兩次致書出版社，希望對書稿進行修訂，共有十三條修訂意見。受當時技術條件的限制，這十三條意見並没有補入正文，而是作爲「校補記」附於書末。本次重排，則將此十三條校補記移入正文之中，但亦不泯滅歷次修訂之痕迹，僅將校補記附於相應段落之後，並依舊版校補記之序編號，冠以【校補記一】【校補記二】……以明其爲後補移入之内容。

本次再版，《隋唐制度淵源略論稿》、《唐代政治史述論稿》、《元白詩箋證稿》三種，即據《文集》初版重排。《寒柳堂集》、《金明館叢稿初編》、《金明館叢稿二編》、《柳如是别傳》四種，初版二印時據各方意見作了不同程度的修訂，其中《金明館叢稿二編》增補文章五篇，故此四種據一九八二年一版二次重排。

上海古籍出版社

二〇二〇年六月

# 一九八〇年出版說明

陳寅恪先生（一八九〇——一九六九），江西修水人，我國著名歷史學家。早年留學日本、西歐，第一次世界大戰結束，又到美國和德國鑽研梵文，歸國後任清華大學、西南聯合大學、嶺南大學等校教授，解放後任中山大學教授、中國科學院哲學社會科學學部委員、中央文史館副館長等職。他學識淵博，精通我國歷史學、古典文學和宗教學等，通曉多種文字，尤精於梵文、突厥文、西夏文等古文字的研究；他關於魏晉南北朝史、隋唐史、蒙古史、唐代和清初文學、佛教典籍的著述尤爲精湛，具有較高的學術價值，早爲國内外學術界所推重。

陳寅恪先生繼承和發揚了清代乾嘉學派和歐洲近代研究梵文、佛典的傳統，以其深厚的文、史、哲以及語言文字知識，融會貫通，縱橫馳騁，不斷開拓學術研究的新領域，取得學術著述的新成果。在長達半個多世紀的研究、教學、著述事業中，儘管尚未擺脱傳統士大夫思想的影響，但是，他治學嚴肅認真、實事求是的態度，却也使其學術成就達到了很高的境界。

本文集中除《隋唐制度淵源略論稿》、《唐代政治史述論稿》和《元白詩箋證稿》在陳寅恪先生生前已有單行本外，其餘《寒柳堂集》、《金明館叢稿》初編、二編所收舊文以及長篇專著《柳如是别傳》等多經陳先生晚年修訂。文集的整理校勘由復旦大學蔣天樞教授承擔；編輯部只做了一些文字標點校訂工作，至於學術觀點方面則保存其歷史面貌，未加改動。我們希望本文集的出版有裨於我國文史研究的深入開展，有助於學術空氣的活躍。

上海古籍出版社

一九八〇年四月

# 陳寅恪先生文集總目録

# 目録

# 論再生緣

寅恪少喜讀小説，雖至鄙陋者亦取寓目。獨彈詞七字唱之體則略知其内容大意後，輒棄去不復觀覽，蓋厭惡其繁複冗長也。及長游學四方，從師受天竺希臘之文，讀其史詩名著，始知所言宗教哲理，固有遠勝吾國彈詞七字唱者，然其構章遣詞，繁複冗長，實與彈詞七字唱無甚差異，絶不可以桐城古文義法及江西詩派句律繩之者，而少時厭惡此體小説之意，遂漸減損改易矣。又中歲以後，研治元白長慶體詩，窮其流變，廣涉唐五代俗講之文，於彈詞七字唱之體，益復有所心會。衰年病目，廢書不觀，唯聽讀小説消日，偶至再生緣一書，深有感於其作者之身世，遂稍稍考證其本末，草成此文。承平豢養，無所用心，忖文章之得失，興窈窕之哀思，聊作無益之事，以遣有涯之生云爾。

關於再生緣前十七卷作者陳端生之事蹟，今所能考知者甚少，兹爲行文便利故，不拘材料時代先後，節録原文，並附以辨釋於後。

再生緣第貳拾卷第捌拾回末，有一節續者述前十七卷作者之事蹟，最可注意。兹迻寫於下。

至有關續者諸問題，今暫置不論，俟後詳述之。其文云：

再生緣。接續前書玉釧緣。業已詞登十七卷，未曾了結這前緣。既讀（「讀」疑當作「續」。）前緣緣未了，空題名目再生緣。可怪某氏賢閨秀，筆下遺留未了緣。後知薄命方成懺，（「懺」疑當作「讖」。）中路分離各一天。天涯歸客期何晚，落葉驚悲再世緣。我亦緣慳甘茹苦，悠悠卅載悟前緣。有子承歡萬事定，（「定」疑當作「足」。）心無罣礙洗塵緣。有感再生緣者作，（「者作」疑當作「作者」。）半途而廢了生前。偶然涉筆閒消遣，巧續人間未了緣。

寅恪案，所謂「再生緣。接續前書玉釧緣」者，即指玉釧緣第叁壹卷中陳芳素答謝玉輝之言「持齋修個再生緣」及同書同卷末略云：

却說謝玉輝非凡富貴，百年之後，夫妻各還仙位。唯有〔鄭〕如昭情緣未斷，到元朝年間，又臨凡世。更兼芳素癡心，宜主憐彼之苦修，亦斷與駙馬（指謝玉輝）爲妾。謝玉輝在大元年間，又幹一番事業，與如昭芳素做了三十年恩愛夫妻，才歸仙位。陳芳素兩世修真，也列仙班，皆後話不提。

及同書同卷結語所云「今朝玉釧良緣就，因思再做巧姻緣」等而言。故陳端生作再生緣，於其書第壹卷第壹回，開宗明義，闡述此意甚詳，無待贅論。所可注意者，即續者「可怪某氏賢閨秀，筆下遺留未了緣。後知薄命方成讖，中路分離各一天。天涯歸客期何晚，落葉驚悲再世緣」之語，蓋再生緣在當時先有流行最廣之十六卷本，續者必先見之，故有「可怪」之語。其後又得見第壹柒卷或十七卷本，故有「後知」之語，然續者續此書時，距十六卷本成時，約已逾五十年。距第壹柒卷成時，亦已四十餘年。（說詳下。）雖以續者與原作者有同里之親，通家之誼，猶不敢顯言其姓名，僅用「某氏賢閨秀」含混之語目之，其故抑大可深長思也。

陳端生於再生緣第壹柒卷中，述其撰著本末，身世遭際，哀怨纏綿，令人感動，殊足表現女性陰柔之美。其才華煥發，固非「福慧雙修」（見下引陳文述題陳長生繪聲閣集詩。此四字甚俗，頤道居士固應如是也。一笑。）隨園弟子巡撫夫人之幼妹秋穀所能企及，即博學宏詞文章侍從太僕寺卿之老祖句山，亦當愧謝弗如也。玆特迻錄其文稍詳，不僅供考證之便利，兼可見其詞語之優美，富於情感，不可與一般彈詞七字唱之書等量齊觀者也。

再生緣第壹柒卷第陸伍回首節（坊間鉛印本删去此節。）云：

搔首呼天欲問天，問天天道可能還。盡嘗世上酸辛味，追憶閨中幼稚年。姊妹聯牀聽夜雨，椿萱兮（「兮」疑當作「分」。）韻課詩篇。隔牆紅杏飛晴雪，映榻高槐覆晚烟。年（「年」疑當作「午」。）繡倦來猶整線，春茶試罷更添泉。地鄰東海潮來近，人在蓬山快欲仙。空中樓閣千層現，島外帆檣數點懸。侍父宦遊遊且壯，蒙親垂愛愛偏拳。風前柳絮才難及，盤上椒花頌未便。管隙敢窺千古事，毫端戲寫再生緣。也知出岫雲無意，猶像穿窗月可憐。寫幾回，離合悲歡奇際會，寫幾回，忠奸貴賤險波瀾。義夫節婦情何極，自然憔悴堂萱後，（寅恪案，此句疑當删去，而易以「孝子忠臣性自然」一句，蓋作者取玉釧緣卷首詩意，成此一句也。傳鈔者漏寫「孝子忠臣性」五字。又見下文有「自從憔悴堂萱後」七字，遂重複誤寫歟？今見鄭氏鈔本此句作「死別生離志最堅」。可供參考。）慈母解順（「順」疑當作「頤」。）頻指教，癡兒説夢更纏綿。自從憔悴堂萱後，遂使芸緗綵華（「華」疑當作「筆」。）捐。剛是脱靴相驗看，未成射柳美因緣。庚寅失恃新秋月，辛卯疑（「疑」疑當作「旋」。）南首夏天。歸棹夷猶翻斷簡，深閨閒暇待重編。由來蚤覺禪機悟，可奈于歸俗累牽。幸賴翁姑憐弱質，更忻夫壻是儒冠。挑燈半（「半」疑當作「伴」。）讀茶沸（「沸」疑當作「湯」。鄭氏鈔本作「茶聲沸」更佳。）廢，刻燭催詩笑語聯。錦瑟喜同心好合，明珠蚤向掌中懸。亨衢順境殊樂安（「樂安」疑當作「安樂」），利鎖名韁却挂牽。一曲京（「京」疑當作「哀」。鄭氏鈔本作「惊」。亦可通。）弦弦頓絶，半輪破鏡鏡難圓。失羣征（寅恪案，「征」字下疑脱四字。如非脱漏，則「征」字必誤也。鄭氏鈔本作「失羣征雁斜陽外」。是。）羈旅愁人絶塞邊。從此心傷魂杳渺，年來腸斷意尤煎。未酬夫子情難已，强撫雙兒志自堅。日坐愁城凝血淚，神飛萬里阻風烟。送（「送」疑當作「遂」。）如射柳聯姻後，好事多磨幾許年。豈是蚤爲今日讖，因而題作再生緣。日中鏡影都成驗，（寅恪案，此句疑用開天遺事宋璟事。）曙後星孤信果然。惟是此書知者久，浙江一省徧相傳。髫年戲筆殊堪笑，反勝那，淪落文章不值錢。閨閣知音頻賞玩，庭幃尊長盡開顔。諄諄更囑全終始，必欲使，鳳友鸞交續舊弦。皇甫少華諧伉儷，明堂酈相畢姻緣。爲他既作氤氲使，莫學天公故作難。造物不須相忌我，我正是，斷腸人恨不團圓。重翻舊稿增新稿，再理長篇續短篇。歲次甲辰春二月，芸窗仍寫再生緣。悠悠十二年來事，盡在明堂一醉間。

同書同卷第陸捌回末節（坊間鉛印本删去此節。）云：

八十張完成一卷，慢慢的，冰弦重撥待來春。知音愛我休催促，在下閑時定續成。白芍霏霏將送臘，（鄭氏鈔本「芍」作「雪」。詳見後附校補記。）紅梅灼灼欲迎春。向陽爲趁三年日，（鄭氏鈔本「年」作「竿」，自可通。）入夜頻挑一盞燈。僕本愁人愁不已，殊非是，拈毫弄墨舊如心。（「如」疑當作「時」。）其中或有差譌處，就煩那，閱者時加斧削痕。

據作者自言「羈旅愁人絶塞邊」及「日坐愁城凝血淚，神飛萬里阻風烟」，又續者言「後知薄命方成讖，中路分離各一天。天涯歸客期何晚，落葉驚悲再世緣」，是陳端生之夫有謫戍邊塞，及夫得歸，而端生已死之事也。檢乾隆朝史乘及當時人詩文集，雖略有所考見，但仍不能詳知其人其事之本末。今所依據之最重要材料，實僅錢塘陳雲伯文述之著述。文述爲人，專摹擬其鄉先輩袁簡齋，頗喜攀援當時貴勢，終亦未獲致通顯。其最可笑者，莫如招致閨閣名媛，列名於其女弟子籍中，所謂「春風桃李羣芳譜」者是也。（見文述撰頤道堂詩選貳貳留別吴門詩及此詩中文述自注。）然文述晚歲，竟以此爲多羅貝勒奕繪側室西林太清春（顧春字子春，號太清，實漢軍旗籍也。）所痛斥，遂成清代文學史中一重可笑之公案。今迻録太清所撰天游閣集第肆卷中關涉此事者於後，非僅欲供談助，實以其中涉及續再生緣事，可資參證也。其文如下：

錢塘陳叟字雲伯者，以仙人自居，（寅恪案，雲伯以碧城仙館自號，其爲仙也，固不待論。又其妻龔氏字羽卿，長女字萼仙，次女字苕仙，亦可謂神仙眷屬矣。一笑。）著有碧城仙館詩鈔，中多綺語，更有碧城女弟子十餘人，代爲吹噓。去秋曾託雲林（寅恪案，雲林者，錢塘許宗彦及德清梁德繩之女，適休寧孫承勳，與文述子裴之即芹兒之妻汪端，爲姨表姊妹。可參陳壽祺左海文集拾駕部許君墓志銘及閔爾昌碑傳集補伍玖阮元撰梁恭人傳。但阮元文中「休寧」作「海陽」，蓋用休寧舊名也。又頤道堂詩選拾有（嘉慶十七年壬申〕二月初五日爲芹兒娶婦及示芹兒並示新婦汪端詩，同書貳叁復有〔道光七年〕丁亥哭裴之詩，西泠閨詠壹伍華藏室詠許因姜雲姜及同書壹陸題子婦汪端自然好學齋詩後兩七律序語等，皆可參證。至於汪端，則其事蹟及著述，可考見者頗多，以與本文無關，故不備録。）以蓮花筏（箋？）一卷墨二錠見贈，余因鄙其爲人，避而不受，今見彼寄雲林信中有西林太清題其春明新詠一律，並自和原韻一律。（寅恪案，今所見春明新詠刊本，其中無文述僞作太清題詩及文述和詩，殆後來删去之耶？）此事殊屬荒唐，尤覺可笑。不知彼太清此太清是一是二？遂用其韻，以記其事。

含沙小技太玲瓏，野鶩安知渫雪鴻。綺語永沈黑闇獄，庸夫空望上清宫。碧城行列休添我，人海從來鄙此公。任爾亂言成一笑，浮雲不礙日光紅。

寅恪案，文述所爲，雖荒唐卑鄙，然至今日觀之，亦有微功足録，可贖其罪者，蓋其人爲陳兆崙族孫，又曾獲見端生妹長生。其所著頤道堂集碧城仙館詩鈔及西泠閨詠中俱述及端生事。今迻録其文於下：

陳文述頤道堂詩外集陸（國學扶輪社刊碧城仙館詩鈔玖。）載：

題從姊秋穀（長生）繪聲閣集七律四首

濃香宫麝寫烏絲，題徧班姬鮑妹詩。一卷珠璣傳伯姊，六朝金粉定吾師。碧城醒我游仙夢，繡偈吟君禮佛詞。記取宣南坊畔宅，春明初拜畫簾遲。

湖山佳麗水雲秋，面面遥山擁畫樓。紗幔傳經慈母訓，琁璣織錦女兄愁。龍沙夢遠迷青海，（自注：長姊端生適范氏，壻以累謫戍。寅恪案，「累」碧城仙館詩鈔作「事」。）鴛牒香銷冷玉鉤。

（自注：仲姊慶生早卒。）争似令嫻才更好，金閨福慧竟雙修。

碧浪蘋香一水（「一水」碧城仙館詩鈔作「水一」。）涯，韋郎門第最清華。傳來鸚鵡簾前語，繡出芙蓉鏡裏花。梅笑遺編寒樹雪，蘂香詩境暮天霞。（自注：兩姑皆有詩集。梅笑周太恭人集名，蘂香李太恭人集名。）更聞羣從皆閨秀，（自注：娣周星薇，長姑淑君，小姑渚蘋，皆能詩。）詠絮何勞説謝家。

繪水由來説繪聲，玉臺詩格水同清。偶從寒夜燒燈讀，如聽幽泉隔竹鳴。江上微波秋瑟瑟，畫中遠浦月盈盈。仙郎縱有凌雲筆，（「筆」碧城仙館詩鈔作「賦」。）作賦（「作賦」碧城仙館詩鈔作「起草」。）還勞翠管評。

又西泠閨詠壹伍云：

繪影閣詠家□□

□□名□□，句山太僕女孫也。適范氏。壻諸生，以科場事爲人牽累謫戍。因屏謝膏沐，撰再生緣南詞，託名女子酈明堂，男裝應試及第，爲宰相，與夫同朝而不合併，以寄別鳳離鸞之感。曰，壻不歸，此書無完全之日也。壻遇赦歸，未至家，而□□死。許周生梁楚生夫婦爲足成之，稱全璧焉。「南花北夢江西九種」，梁溪楊蓉裳農部語也。「南花」謂天雨花，「北夢」謂紅樓夢，謂二書可與蔣青容九種曲並傳。天雨花亦南詞也，相傳亦女子所作，與再生緣並稱，閨閣中咸喜觀之。（寅恪案，蔣瑞藻小説考證續編壹再生緣條引閨媛叢談，其文全出自西泠閨詠。又王韜松隱漫録十七卷附閨媛叢録一卷。寅恪未得見其書，不知是否即蔣氏所引者。並可參考鄧之誠先生骨董瑣記伍南詞再生緣條。）

紅牆一抹水西流，別緒年年悵女牛。金鏡月昏鸞掩夜，玉關天遠雁橫秋。苦將夏簟冬釭怨，細寫南花北夢愁。從古才人易淪謫，悔教夫壻覓封侯。

上引陳氏兩書皆關涉端生及其夫范某之主要材料，兩者内容大抵相同，而西泠閨詠較爲詳盡。今考定此等記載寫成年月，并推求其依據之來源，更參以清實録、清會典、清代地方志及王昶春融堂集、戴佩荃蘋南遺草、陸燿切問齋集等，推論端生之死及范某赦歸之年。固知所得結論，未能詳確，然即就此以論再生緣之書，亦可不致漫無根據，武斷妄言也。西泠閨詠壹伍詠端生詩之前，其第六題即爲「繪聲閣詠家秋穀」者，其詩中既有「香車桂嶺青山暮」之句，其序中復載「歸葉琴柯中丞」之語。琴柯者，紹楏之字。（可參湖海詩傳肆拾兩浙輶軒續録壹陸晚晴簃詩匯壹百捌等書葉紹楏小傳。）李桓耆獻類徵壹玖陸疆臣類肆捌載紹楏本末頗詳。紹楏於嘉慶二十二年由廣西布政使擢廣西巡撫，二十五年被議降級解職，其次年即道光元年病卒。然則西泠閨詠此節必成於嘉慶二十二年任巡撫以後，始得稱紹楏爲「中丞」，「中丞」者御史中丞之簡稱，清代巡撫兼帶右副都御史之銜名，故習俗以「中丞」稱巡撫。據此，則文述詠陳長生之詩，距其全書完成之時代，不能超過十年之久也。（西泠閨詠作者自序所題年月爲道光丁亥閏五月，即道光七年也。）以通常行文之例言，長生應列於其姊端生之後，今不爾者，殆文述詠長生詩既成後，始牽連詠及端生，遂致列姊於妹後耶？若果如是者，則文述詠端生之詩，其作成之時亦當與道光七年相距甚近也。此點關涉再生緣續者之問題，俟後更詳論之。至其稱楊芳燦爲「楊蓉裳農部」，則芳燦因其仲弟授甘肅布政使，援引道府以上同祖以下兄弟同省迴避之例，（參清會典事例肆柒吏部漢員銓選親族迴避等條。）已由甘肅外職改捐員外郎，在户部廣東司行走。其時至少在嘉慶三年以後。（見碑傳集壹百捌趙懷玉撰楊君芳燦墓志銘。）若更精密言之，則至少在嘉慶六年文述與芳燦在京師相識以後也。（見下引芳燦送雲伯序。）文述詠端生之詩作成時代頗晚，又得一旁證矣。

關於文述題繪聲閣集詩四首，其第二首最關重要，置後辨釋。其餘三首依次論證之。

第一首詩

第一首中最關重要者，在文述初次得見陳長生年月，並文述見長生是否多次等問題。此等問題可取兩事即（一）文述初次隨阮元入京及第二次會試入京之年月，與（二）長生於此兩時間適在北京，有遇見文述之可能，參合推定之於下。

楊芳燦芙蓉山館文鈔貳送陳雲伯之官皖江序略云：

嘉慶辛酉（六年。）余與雲伯相見於都下。于兹五閲寒暑矣。同人惜别，贈言盈篋。余與陳編修用光查孝廉揆俱爲序引，時丙寅（嘉慶十一年。）新正穀日也。

又頤道堂文鈔壹頤道堂詩自序略云：

嘉慶丙辰（元年。）儀徵阮伯元先生視學浙江。越二年戊午（嘉慶三年。）從先生入都。明年（嘉慶四年己未。）又從至浙。越二年（嘉慶六年辛酉。）又以計偕入都，居京師者五年。

又頤道堂詩選壹伍略云：

余自辛酉（嘉慶六年。）至乙丑（嘉慶十年。）京師舊作多琴河李晨蘭女士加墨。（寅恪案，今所見碧城仙館詩鈔拾卷，後附有李元塏跋，所題年月爲嘉慶〔十年〕乙丑秋七月。可與上引楊芳燦文參證。）重莅琴河，女士下世已十五年矣。感賦。

（詩略）

寅恪案，文述第一次至京爲嘉慶三年，出京爲嘉慶四年。第二次至京爲嘉慶六年，出京爲嘉慶十一年正月。第二次即文述所謂「居京師者五年」是也。第一次在京之時間，雖遠不及第二次之長久，然鄙意文述之獲見長生實在第一次。所以如此推論者，文述爲人喜攀援貴勢，尤喜與閨閣名媛往還。長生爲兆崙孫女，本與文述有同族之親，況以袁隨園女弟子之聲名，葉琴柯編修夫人之資格，苟長生此時適在京師，而文述不急往一修拜謁之禮者，則轉於事理爲不合矣。至於長生適在北京與否之問題，可以依據葉紹楏歷官及居京之年月推定之也。耆獻類徵壹玖陸疆臣類肆捌葉紹楏傳略云：

葉紹楏浙江歸安人。乾隆五十年由舉人於四庫館議敍，授内閣中書。五十三年丁母憂。五十五年服闋，補原官。五十八年進士，改庶吉士。六十年散館授編修。嘉慶三年二月大考二等，五月充日講起居注官。四年二月改河南道監察御史，四月命巡視南城。五年轉掌江西監察御史。六年五月充雲南鄉試正考官，八月命提督雲南學政。九年差竣回京。十年命巡視天津漕務。十一年六月升工科給事中。

寅恪案，葉紹楏與陳長生從何時起同在京師，乃一複雜之問題，詳見下文第二首詩中考辨織素圖繪成之時間一節，今暫不置論。惟可斷言者，嘉慶三年文述初次隨阮元入京時，長生必已在京師，因紹楏已任職翰林院編修，長生自必隨其夫居都城也。文述第一次於嘉慶三年隨阮元入京，四年又隨元出京。文述往謁長生，當即在三年初次入京之時，而賦此四詩當更在謁見之後，謁見與賦詩並非同時。頗疑文述止一度晤見長生，其題繪聲閣集四律，實非以之爲拜謁之贄，不過晤見之後，追寫前事，呈交長生夫婦閲覽者。觀詩中「記取城南坊畔宅，春明初拜畫簾遲」之語，可以推見也。又若文述得見長生不止一次者，則以碧城仙館主人性好招摇標榜之習慣推之，必有更多詩什，賦詠其事，而不僅此四律而已也。或者文述當日所爲，長生夫婦已有所聞知，遂厭惡畏避，不敢多所接待耶？

詩中所謂「碧城醒我遊仙夢」者，碧城仙館文述自號也。其詩集即取以爲名。「繡偈吟君禮佛詞」者，長生曾作禮佛詞六首，刊入隨園女弟子詩集（卷肆）中，早已流行，文述蓋見之久矣，决非長生以己所著詩集示之也。

## 第三首詩

第三首盛誇長生夫家女子能詩者多。文述此所取材，究從葉氏織雲樓詩合刻，抑從袁簡齋隨園詩話補遺叁「吾鄉多閨秀，而莫盛于葉方伯佩蓀家」至「陳夫人之妹淡宜（此語有誤，辨見論第二首詩節。）亦工詩」等六條（隨園詩話補遺所以多謬誤者，蓋由簡齋身殁之後，補遺方始刊行也。簡齋殁於嘉慶二年。參碑傳集壹百玖孫星衍撰袁枚傳。）轉録而來，雖難確定，但今以沈湘佩名媛詩話肆「織雲樓合刻爲歸安葉氏姑婦姊妹之作」條考之，（前南京國學圖書館總目所載，織雲樓詩合刻僅有周映清梅笑集一卷，誤作「笑梅集」，及李含章蘩香詩草一卷，皆云「嘉慶刻」。又孫殿起叢書目録拾遺總目陸有織雲樓詩合刻，其中亦止此兩集。但云「乾隆間刊」。豈此數集合刻先後陸續刊行耶？抑書目記録有誤耶？寅恪未見合刻全書，故不得已而依沈書也。）知葉令昭即蘋渚（文述詩作渚蘋。）所作在附刻中，則可推定文述實已及見織雲樓詩合刻，或更參以隨園詩話補遺，蓋文述此四首詩本爲謁見長生之後追記前事而作，前論第一首詩已及之矣。既是追記之作，則可取關涉長生夫家閨秀之材料，雜糅而成，並非長生以其夫家閨秀之詩集出示文述，此又可斷言者也。至於「碧浪蘋香一水涯。韋郎門第最清華」者，可參戴璐藤陰雜記叁所載湖州碧浪湖建萬魁塔條。此條即涉及葉紹楏。文述於西泠閨詠壹叁湖上詠周暎清李含章葉令儀陳長生周星微詩「碧浪湖波浸晚霞」（文述此詩序中述葉氏織雲樓詩合刻，僅及此五人，而不及令昭。西泠閨詠自序題道光丁亥，即道光七年，時代頗晚。據此可知文述敍葉氏閨秀詩集，去取實不依據一種材料也。）及同書壹伍繪聲閣詠家秋穀詩「畫舫蓮莊碧浪遥」之句亦皆指此而言也。又據光緒重修歸安縣志伍輿地略伍水門碧浪湖條及同書捌輿地略捌古蹟門白蘋洲條，則碧浪湖白蘋洲之地爲葉氏家園所在，文述所詠固甚切實，而葉令昭之字蘋渚及戴佩荃之字蘋南，皆與此語有關，非僅用古典矣。

第四首詩

第四首第七句「仙郎縱有淩雲筆」，固通常讚美紹楏之泛語，然據上引耆獻類徵壹玖陸葉紹楏傳，知紹楏以翰林院編修於嘉慶三年二月大考二等，五月充日講起居注官。六年五月充雲南鄉試正考官，八月命提督雲南學政。九年差竣回京。在此時間紹楏實爲文學侍從司文典學之臣，故詩語頗爲允切，可推見此四詩當是嘉慶三年至十年間之作。「江上微波秋瑟瑟」之句，即後來文述於西泠閨詠壹伍繪聲閣詠家秋穀詩所謂「微波吟煞夕陽橋」者也。

總之，此等詩皆足徵文述未嘗與長生有何密切往來，詳悉談話之事，要不過以族弟之資格，一往謁見而已。故文述所記長生姊端生事，當必從他處探訪得知，非出自長生口述，其記端生事及梁德繩續再生緣事，或過於簡略，或有錯誤，實無足異也。

第二首詩

第二首乃四首詩中最有價值，又最難確定者。兹先論其不甚重要及易解釋之句。「紗幔傳經慈母訓」者，據端生長生之祖陳兆崙所著紫竹山房文集壹伍顯妣沈太宜人行述略云：

孫玉敦，聘汪氏，原任刑部河南司郎中雲南大理府知府加二級起巖公女。

又同集附兆崙姪玉繩所編年譜乾隆十五年庚午條下云：

> 次子之妻兄秀水汪孟鋗弟仲鋗亦中式。

寅恪案，汪起巖不知何名，道光十五年修雲南通志稿壹壹玖秩官志載：

> 汪上堉，秀水人，貢生，乾隆十年任雲南府知府。

疑是此人。蓋上堉頗有先後任雲南省首府雲南府及大理府知府之可能也。端生長生之文學，與其母有關，自不待論。即再生緣中孟麗君蘇映雪劉燕玉皇甫少華等主要人物，皆曾活動於雲南省之首府，當亦因作者之外祖曾任雲南省首府知府，其母或侍父宦遊，得將其地概況告之端生姊妹，否則再生緣中所述他處地理，錯誤甚多，而雲南不爾者，豈復由於「慈母訓」所致耶？「鴛牒香銷冷玉鉤」句下文述自注云：

> 仲姊慶生早卒。（前文已引，今重録之，以便省覽。）

寅恪案，紫竹山房文集壹捌先府君〔暨〕先妣沈太夫人合葬墓志略云：

> 孫玉萬娶吴氏，妾林氏。玉敦娶汪氏，妾施氏。曾孫女三，端，慶，長。

及同書同卷先祖府君〔暨〕祖妣秦太夫人合葬墓志云：

> 元孫女三，端，慶，長。

然則慶生乃端生之妹，長生之姊，似亦與端生長生同爲玉敦嫡室汪氏所出。慶生早死，他種材料未見此事，唯文述此詩及之，此亦可注意者也。玉敦側室施氏有無子女，尚待詳考。至於杭郡詩輯續集肆叁有陳淡宜都中寄姊七律一首，其小傳云：

淡宜，錢塘人，長生妹。

但其詩全同於葉佩蓀次女令嘉字淡宜答淑君姊之什。（參織雲樓詩合刻及潘衍桐兩浙輶軒續録伍貳閨秀類。）長生爲佩蓀長媳，淡宜爲佩蓀次女，吴振棫見隨園詩話補遺第叁卷有「陳夫人之妹淡宜」一語，因有不確之記載。隨園詩話之誤或由於刊寫不慎，遂致輾轉譌小姑爲小妹，殊可笑也。

辨釋第二首詩中易解者已竟，兹請次論其難確定者，即陳端生卒於何年及范某以何年遇赦獲歸。此兩事之時間相距至近，可以取其一事之年月，以推定其他一事之時代也。

此詩中最有價值記載爲述及陳端生壻范某之案。但所述全同於西泠閨詠壹伍繪影閣詠家□□序中所言，而西泠閨詠轉較此爲詳，是西泠閨詠之文亦較此爲有價值也。此兩記載雖不能確定文述何年所寫，鄙意西泠閨詠之記載寫在端生已卒，范某已歸之後，時代較此首詩爲晚，自無問題。至此首詩中文述自注涉及端生范某者，初視之，似在端生未卒之前。細思之，當亦在端生已卒，范某已歸之後。何以言之？范某一案，如下文所引材料，知爲當日最嚴重事件。無論文述作詩不敢言及，即敢言及，亦爲長生所不喜見者，而文述自不便牽涉及之也。（織素圖乃陳長生戴佩荃閨閣摯友間繪畫題詠之事，不可以出示外人者。戴璐吴興詩話不録長生輓佩荃兩詩中涉及織素圖之一首，殆亦由詩語過於明顯故耶？）今此首詩八句中即有兩句涉及端生，可依此推論，作詩之時，端生已死，范某已歸。此案既無問題，詩語涉及，亦無妨礙。此點正與陳桂生請王昶爲其祖詩文集作序之事，同一心理，同一環境。俟於下文詳辨證之也。

陳端生之卒年雖甚難確定，然有一旁證，得知端生至少在乾隆五十四年秋間猶生存無恙，可據下引材料，推測決定也。

戴佩荃織素圖次韻詩云：

貌出青娥迥軼塵，淡妝不逐畫眉新。分明錦字傳蘇蕙，絶勝崔徽傳裏人。

軋軋聲頻倦下機，詎將遠夢到金微。西風聽徹寒砧急，霜葉檐前儘亂飛。

十三學得厭彈箏，頗耐西南漸有聲。女手摻摻勞永夜，七襄取次報章成。

又陳長生挽戴蘋南（佩荃）詩云：

桂花香滿月圓初，驚説乘風返碧虛。料得廣寒清净地，修文正待女相如。（此首亦見戴璐吴興詩話壹貳，但無第貳首。殆有所隱諱而不録耶？）

尺幅生綃點染新，十行錦字爲傳神。而今留得清吟在，説與圖中織素人。

上引戴佩荃陳長生之詩，當載於蘋南遺草。寅恪未見原書，僅間接從梁乙真清代婦女文學史

第貳編第肆章所引得知。

又戴佩荃之父戴璐所著吴興詩話壹貳略云：

文人薄命，才女亦然。余女佩荃字蘋南，幼慧學吟，長工書畫。適趙日照。隨翁鹿泉先生西江使署。忽畫長亭分别，神貌如生，并繫以詩。未幾殁，年僅二十三。余哭以詩，一夕成二十三章。最痛者云：「凄絶霜高夜向闌，無言嗚咽淚珠彈。豈期馬角無生日，望斷廬峯面面巒。」

吴超亭同年輓詩（寅恪案，超亭爲吴興宗之字，此詩亦見阮元兩浙輶軒録肆拾閨秀類，蓋從蘋南遺草録出也。）（略）云：「天女香隨花雨散，蘇姬才薄錦紋迴。尊章泣月驚秋到，慈父牽情促夢來。」

内弟沖之（寅恪案，戴璐室沈芬亦能詩，見吴興詩話壹貳。）句云：「柳絮椒花未足推，愛伊才德一身賅。芳齡正好圖團聚，大藥何期莫挽回。秋月滿輪人遽去，西風捲幕客重來。征衣漸覺驚寒至，刀尺憑誰爲剪裁。」

楊拙園知新題云：「仙遊正值月團圞，扶病萱堂泣歲寒。隔歲九泉重見母，魂依厀下不愁單。」

清國史列傳貳捌大臣傳次編叁趙佑傳（參光緒修杭州府志壹貳陸人物類名臣肆。）略云：

趙佑浙江仁和人。乾隆十五年舉人，十七年成進士，改庶吉士。二十二年散館授編修。五十三年充江西鄉試正考官。五十四年六月充江西鄉試正考官，旋授江西學政。子日熙，正三品廕生，前任江蘇長洲縣知縣。（光緒修杭州府志壹壹叁選舉柒有趙日熙條，但無趙日照之名。又阮元兩浙輶軒録肆拾閨秀類戴佩荃傳亦有「仁和趙日照室」之語，當是採自蘋南遺草。）

李元度先正事略肆貳文苑類竇東皋先生（光鼐）傳附趙鹿泉先生（佑）傳略云：

同時趙鹿泉先生名佑，字啓人，仁和人。後東皋先生（指竇光鼐。）十年成進士。同以制舉業名天下。著有清獻堂集。

錢儀吉碑傳集捌伍朱珪撰湖南布政使葉君佩蓀墓志銘略云：

葉佩蓀字丹穎，浙江歸安人。辛卯（乾隆三十六年。）〔自河南南陽府知府〕卓異引見，擢河東道。乙未（四十年。）戊戌（四十三年。）再署按察使。己亥（四十四年。）授山東按察使。辛丑（四十六年。）授湖南布政使。壬寅（四十七年。）護湖南巡撫事。東撫敗，以不先舉發，吏議當革職，奉旨降補知府。（寅恪案，東撫謂山東巡撫國泰也。參清實録高宗實録壹壹伍肆乾隆四十七年四月五月等條。）君入都，請校書萬册自效。癸卯（四十八年。）歲除，余自閩還，見君。明年（甲辰四十九年。）九月八日卒。子紹楏，乾隆己亥（四十四年。）舉人。

寅恪案，參合上引材料，可以解決三問題。（一）戴佩荃逝世之年月。（二）戴佩荃之織素圖次韻詩作成時間。（三）織素圖中之織素人爲何人。請依次論之於下：

（一）戴佩荃之夫趙日照之父趙佑者，當時最有名之八股文專家。佑之爲人，似未必真能知賞善吟詠，工繪畫，從事於八股家所謂雜學之才女。其所著清獻堂集詩中有涉及佩荃及日照者，大抵爲乾隆五十六年五十七年之作，其時蘋南已逝世二三歲矣。兹節録其詩於下：

清獻堂集貳傷介婦戴示日照詩云：

不堪老淚頻傷逝，怪見華年又悼亡。（原注：照先娶於沈，戴繼之，皆知婦道。沈有出不育，戴無出。）弱甚每憐親藥裹，病中還説理詩囊。（原注：婦嘗請於姑，乞爲余鈔詩稿，以其病未許。）聲塵幻忽渾難識，圭璧操持要有常。獨憾添丁消息晚，且看齋奠異時償。

又示九弟俌并熙煦輩詩云：

（詩略）

又舟中還寄示諸弟示煦照詩略云：

煦也逾壯尚初服，照連喪偶行更圖。

寅恪案，趙鹿泉止書佩荃之姓，而不著其名，蓋遵内諱不踰閫之古義，其爲人爲文之拘謹，可以概見，然而才女之名字遂坐是湮没不彰矣。據戴璐哭佩荃詩序，（寅恪未見秋樹山房集，僅從阮元兩浙輶軒録肆拾閨秀類戴佩荃傳所引戴璐哭女詩序及其他間接材料得知。）謂佩荃「書體尚豐碩，似非夭相，而不永其年」。寅恪未得見佩荃之書，不知其體勢如何，然蘋南爲湖州人，其地與顔魯公趙子昂有關涉，又生值乾隆時代，清高宗書法摹擬右軍，而失之肥俗，一變明末清初董字渴筆瘦體之派，上行下效，相習成風，蘋南之書法當受此環境薰習者也。鹿泉殆以蘋南書法與當時翰苑臺閣之體，有所冥會，若出之男子之手，尚可作殿廷考試之白摺小楷，以供射策決科之用，遂亦頗加贊賞歟？否則蘋南必不敢輕率請求抄寫此老學究之家翁所賦試帖體之詩句也。今史乘地志於鹿泉諸子，唯日熙一人略具事蹟，而日照之名僅附見於吳興詩話及兩浙輶軒録蘋南小傳中。夫以妻傳，如「駔儈下材」之於易安居士者，可謂幸矣。（寅恪頗信建炎以來繫年要録所載，而以後人翻案之文字爲無歷史常識。乾隆官本樓鑰攻媿集中凡涉及婦人之改嫁者，皆加竄易，爲之隱諱。以此心理推之，則易安居士固可再醮於生前趙宋之日，而不許改嫁於死後金清之時，又何足怪哉。至顧太清之主易安年老無改嫁之事者，則又因奕繪嫡室之子於太清有所非議，固不得不藉此以自表白，而好多事、不識時務之陳文述，反賦詩招摇，宜遭致其痛斥也。）日照元配沈氏，或是蘋南母沈芬之姪女，俟後更考。戴弗堂記録輓其女蘋南之詩頗多，而不及鹿泉之作者，或以未曾得見，遂至漏書，或雖得見，而以親家翁之句爲未工，因不載録於其詩話耶？

據趙佑傳，乾隆五十四年佑以江西鄉試正考官授江西學政。佩荃隨佑赴江西任所，不久逝世。此即吴興詩話壹貳所謂「隨翁鹿泉先生西江使署，未幾歿」者。陳長生輓詩第一首云：「桂花香滿月圓初。驚説乘風返碧虚。」吴超亭輓詩云：「尊章泣月驚秋到。」沈沖之輓詩云：「秋月滿輪人遽去，西風捲幕客重來。」楊拙園輓詩云：「仙遊正值月團圞。」是佩荃歿於乾隆五十四年秋季也。

（二）隨園詩話補遺叁略云：

> 吾鄉多閨秀，而莫盛于葉方伯佩蓀家。其前後兩夫人，兩女公子，一兒婦，皆詩壇飛將也。其長媳長生，吾鄉陳句山先生之女孫也。寄外云：「弱歲成名志已違，看花人又阻春闈。（原注：兩上春官，以迴避不得入試。）縱教裘敝黄金盡，敢道君來不下機。」「頻年心事託冰紈，絮語煩君仔細看。莫道閨中兒女小，燈前也解憶長安。」

寅恪案，陳長生寄外詩爲何時何地所作，此點關涉考定長生與戴佩荃何時同在北京，而戴佩荃能作織素圖次韻詩之問題。據上引葉佩蓀傳，知葉紹楏於乾隆四十四年中式舉人，又據清代史乘，如清實録東華録等書，知自乾隆四十四年即紹楏鄉薦之年，至乾隆五十八年即紹楏成進士之年，其間共有六次會試，此六次會試，凡有舉人之資格者，皆可應試。紹楏之以迴避，兩次不能入闈，究在何年？今依次逆數而考定之。紹楏於五十三年丁母憂，不知其母卒於何月，雖五十四年有閏五月，然以常情推測，恐五十五年春闈，紹楏仍在母憂中，自不能應會試。五十二年會試，紹楏可以應試，蓋雖應試，而不得中式也。據紹楏傳，知紹楏在乾隆五十年由舉人於四庫館議敍，授内閣中書。此時其父佩蓀已前卒，其母尚健在。以常情論，紹楏全家當在京師，而長生此時亦必在京，不必作寄外詩也。（袁隨園編續同人集壹叁閨秀類載，陳長生金陵阻風侍太夫人遊隨園作七律一首，此詩必作在乾隆五十三年紹楏母李含章逝世以前。同卷又載寄懷隨園十絶句第一首云：「先生高隱臥烟蘿，三徑盤桓七十過。」據碑傳集壹百柒孫星衍撰袁君枚傳，知簡齋卒於嘉慶二年，年八十二。然則乾隆五十年簡齋年七十歲。長生作寄懷隨園十絶句時，必在乾隆五十年以後。綜合推計之，當是乾隆四十九年九月葉佩蓀卒後，紹楏等扶柩回籍，安葬之後，再返北京，因途中阻風金陵，李陳姑婦二人，因得遊隨園賦詩。至於長生作寄懷隨園十絶句時，則疑在其過金陵見簡齋之後，大約爲隨夫葉紹楏供職京師之期間也。然耶？否耶？姑記於此，更俟詳考。）四十九年會試紹楏可以應試，因佩蓀此年春間，亦已在北京請於四庫館校書自效。佩蓀雖卒於四十九年九月，而會試之期在春季，故紹楏可以應試，但已應試而未中式耳。四十五年四十六年兩次會試，紹楏皆可應試，此兩年其父佩蓀適任外官，不在京師。長生當隨侍其翁姑於外省任所。故長生寄外詩中所謂「看花人又阻春闈」，及「莫道閨中兒女小，燈前也解憶長安」等語，即指此兩次，紹楏雖在京，而以迴避不能應試言。自四十七年後，佩蓀紹楏父子已同在京師，長生斷無他往之理。然則織素圖之繪成，必在四十七年以後，至五十四年秋間戴佩荃逝世以前。以佩荃卒年僅二十三歲之一點推測，雖天才如佩荃，恐亦不能作此圖太早，大約此圖繪畫之時間，距佩荃逝世前不甚久，即距乾隆五十四年秋季以前不遠也。長生之父玉敦與戴佩荃之翁佑，同爲杭州人，同舉乾隆十五年庚午鄉試，佑之八股文復爲長生祖句山所稱賞。（見紫竹山房集陳句山先生年譜乾隆十五年庚午條。）佩荃之父璐與長生之夫紹楏又同爲湖州人。當此時兩家在京，往還必頗親密，觀戴璐吴興詩話壹貳述及長生夫婦，可以推見。否則佩荃無由作織素圖次韻詩也。

（三）織素圖者即取孔雀東南飛樂府詩「十三能織素」之句，及晉書玖陸列女傳竇滔妻蘇氏〔蕙〕傳「滔被徙流沙，蘇氏思之，織錦爲迴文旋圖詩」之意，繪畫而成。觀戴佩荃織素圖次韻詩「分明錦字傳蘇蕙」、「詎將遠蘿到金微」、「十三學得厭彈箏」等語，可以爲證。然則此圖中之織素人必爲女性，而其夫又以罪謫邊，自不待言矣。與此圖中女性相關涉，得直指爲即是圖中織素人者，止有三可能之人。第一可能者爲陳長生。然長生之夫爲葉紹楏。紹楏一生事蹟，今可考知者，頗爲詳盡。紹楏既無戍邊之事，則長生非圖中之織素人可知。第二可能者，爲戴佩荃。趙佑之子可考見者有日熙日煦日照三人。佩荃之夫日照，其事蹟雖不詳，然據上引趙佑清獻堂集貳舟中還寄示諸弟示煦照詩，知乾隆五十八年鹿泉作此詩時，日照并未遠去，則其人實無戍邊之事。吴超亭輓佩荃詩云「蘇姬才薄錦文迴」，及沈沖之輓佩荃詩云「芳齡正好圖團聚」等語，雖似日照亦有陳端生壻范某戍邊之嫌疑者，然沈沖之輓詩又云「西風捲幕客重來」，則日照既能重來，必無遠謫之事，大約佩荃卒時，日照不在側耳。至陳長生輓佩荃詩云：「尺幅生綃點染新，十行錦字爲傳神。而今留得清吟在，說與圖中織素人。」詩中「十行錦字」即錦上之迴文。「清吟」即佩荃織素圖次韻七絶三首。今佩荃雖還歸天上，而「清吟」猶留在「人間」，故長生可說與同在人間之織素人，即告以佩荃逝世之消息。一死一生，取與對比，暗用李義山重過聖女祠詩「上清淪謫得歸遲」之句，寓意尤爲沈痛也。由是言之，織素圖中之織素人，必非戴佩荃，又可知矣。第三可能者，以普通消除遞減之方法推之，則舍陳端生莫屬。若是端生，則佩荃長生諸詩中所用古典皆能適合，自不必贅論，而佩荃「淡妝不逐畫眉新」之句與西泠閨詠壹伍繪影閣詠家□□詩序中「屏謝膏沐」之今典更相符會也。所可注意者，即佩荃詩中「西南漸有聲」之語。依通常解釋，温飛卿池塘七夕詩云：「月出西南露氣秋。」（見才調集貳。）及七夕詩云：「青鎖西南月似鉤。」（見曾益謙顧予咸顧嗣立等温飛卿詩集注肆。）蘋南詩中「西南」二字出處當是從温詩來，與下「永夜」句固相適應，而「七襄」句更暗寓七夕離别之意，（飛卿七夕詩云：「人間離别水東流。」）尤爲巧妙也。然寅恪於此尚不滿足，姑作一大膽而荒謬之假設，讀者姑妄聽之可乎？陳端生於再生緣第壹柒卷首節云：「惟是此書知者久，浙江一省徧相傳。」又云：「歲次甲辰春二月，芸窗仍寫再生緣。」考道光十五年修雲南通志壹貳拾秩官志貳之壹貳官制題名壹貳國朝文職官姓氏叁臨安府同知欄載：

陳至（寅恪案，「至」當爲「玉」之形誤也。）敦。錢塘人。舉人。（乾隆）四十九年任。

龔雲鶴。營山人。貢生。（乾隆）五十三年任。

則端生之父玉敦，在乾隆四十九年至五十二年四年間，曾任職雲南。隨園詩話補遺叁載陳長生「聞家大人旋里」云：「去郡定多遮道吏，還山已是杖鄉人。」即玉敦解任歸杭州時所作，大約在乾隆五十二三年，長生寓京師時也。頗疑端生亦曾隨父往雲南，佩荃詩所謂「西南漸有聲」者，即指是言，而佩荃題詩之時間，亦當在玉敦任職雲南之時，復可推知矣。然則端生所謂「浙江一省徧相傳」者，意謂十六卷本之再生緣，浙江省已徧傳，而雲南則尚未之知也。寅恪更進一步懷疑佩荃詩所謂「七襄取次報章成」者，即指端生在雲南所續之第壹柒卷再生緣而言。蓋再生緣前十六卷「浙江一省徧相傳」，則佩荃必早已見及。佩荃與長生交親往還，當又在長生處獲見端生續寫第壹柒卷，故詩中遂及之耶？其所謂「女手摻摻勞永夜」者，疑指端生自述其撰前十六卷時，「向陽爲趁三年日，入夜頻挑一盞燈」。（見再生緣第壹柒卷第陸捌回末節。）寫作甚勤，入夜不息。此佩荃讀第壹柒卷末節，已可知之，或又從長生處得悉其姊往日撰著之勤，因並有「勞永夜」之語歟？至於端生續寫再生緣第壹柒卷在甲辰年，即乾隆四十九年。此年端生居浙江抑寓雲南，雖不能確言，鄙意此年端生似已隨父玉敦赴雲南，其所謂「白芍送臘」「紅梅迎春」等句，若「白芍」取譬「白雪」，與「紅梅」爲切當之對句，則亦不過詞人形容節物慣用之語，未必與當地真實氣候相符合。（可參下文論再生緣開始寫作年月節中「歲暮」之語。）但寅恪曾遊雲南，見舊曆臘盡春迴之際，百花齊放，頗呈奇觀。或者，端生之語實與雲南之節物相符應，亦未可知也。茲姑著此妄說，更待他日詳考。

假定陳端生於戴佩荃作織素圖次韻詩時尚生存者，則至何年始不在人間耶？此答案可以陳玉敦不肯以其父兆崙之詩文集出示他人之事，及兆崙之孫玉萬之子桂生請序家集於王昶（即玉敦不肯出示之人。）之年，兩點推求之，雖不能中，亦不甚相遠也。

王昶春融堂集叁捌有陳句山先生紫竹山房詩文集序一篇，其文雖不著年月，但下有朱吉人春橋草堂詩集序一篇，略云：「余以乾隆庚午（十五年。）識君於吳企晉璜川書屋，文酒之會最密。嗚乎！自與吉人定交，迄今四十餘年，同游諸君少長不一，皆莫有在者。」則自乾隆十五年下推四十餘年，當爲乾隆末年，或嘉慶初年，即作春橋草堂詩集序之年。紫竹山房集序排列相連，當是同時或相距至近之時間所作也。今取春融堂集所載紫竹山房集之序文，與陳桂生所刊紫竹山房集首所載蘭泉之序文，互相比較，發現頗有不同及删削之處。兹節録陳氏所刊紫竹山房集首之王序，並附注春融堂本此序之文於下，而略其不關重要者，讀者若察兩本序文之同異，即知其中必有待發之覆也。

紫竹山房詩文集載王昶序略云：

錢塘陳君桂生挾其祖句山先生詩十二卷文二十卷，（春融堂本作：「詩四十四卷，文三十二卷。」）踵門而請曰，願有序也。戊寅（乾隆二十三年。）始獲識先生於朝，繼以詩文相質，先生謂可與言者，時時引進之，是以辱有牙曠之知。丙申春余歸自蜀中，而先生前七年歿矣。（寅恪案，丙申爲乾隆四十一年，句山歿於乾隆三十六年辛卯正月二十四日，實止六年也。）求其集不可得，爲之悵然。又七年余修西湖志於杭州，竊念先生籍錢塘，西湖事蹟載於詩文必富，從其家求之，閟不肯出。（「閟不肯出」春融堂作「卒不可得」。）又王昶湖海詩傳陸陳兆崙詩選附蒲褐山房詩話云：「壬寅修西湖志於杭州，因索先生遺詩，而令子同知玉敦深閟不肯出。及其孫桂生來京師，始以全集見示，并乞序言。」壬寅即乾隆四十七年也。）又三年（寅恪案，王蘭泉以乾隆五十一年授雲南布政使，見下引阮元撰王公昶神道碑。）余以布政使滇，適先生子玉敦爲滇郡佐。叩所藏，則其閟益甚。（春融堂集本删去「又三年」至「其閟益甚」二十七字。）蓋十餘年來殊以爲憾。今陳君述祖德，採遺文，輯而録之，使先生生平撰述粲然備見於世。

寅恪案，湖海詩傳及湖海文傳之編選人王蘭泉，其人爲乾隆朝詞宗，本與陳句山雅故，序中「辱有牙曠之知」一語殆非誇言。蘭泉修西湖志於杭州，玉敦爲其地主。（此韓君平所謂「吴郡陸機爲地主，錢塘蘇小是鄉親」之「地主」也。）及官雲南布政，玉敦又爲其屬吏。蘭泉之索觀句山詩文，自是應有之事。以常情論，玉敦必非於蘭泉個人有所嫌惡，而深閟固拒，一至於是者，其中必具不得已之苦衷及難言之隱。蘭泉當時或不盡能瞭解其故，遂於序中猶言及之，蓋尚未釋然於懷也。玉敦既不肯以其父之詩文示蘭泉，十餘年後，桂生何忽轉以其祖全集請序於蘭泉？此中必有重大變遷。鄙意此十餘年間，句山集中所當避忌隱諱之事，已不復存在，故可刊布流行。又請序於蘭泉者，即藉以解釋前此玉敦深閟固拒之舊嫌也。陳文述西泠閨詠詠端生詩序中言，「壻遇赦歸，未至家，而□□死」。是端生之卒與范某遇赦之時相距不遠。范某既遇赦，則句山集中詩文僅牽涉端生之名者，自已不甚重要。今觀春融堂集所載紫竹山房序文，知蘭泉當日所見之稿本，其詩文卷數多於刊本，則桂生所删削者，必甚不少。其所删削者，當與端生壻范某之名有關也。范某之案在當時必甚嚴重，以致家屬親友皆隱諱不敢言及，若恐爲所牽累，端生事蹟今日不易考知者，其故即由於此也。陳端生之卒與范某之赦，兩事時間距離甚近，故可依蘭泉作序之年，推測范某遇赦之期，又據范某遇赦之期，更可推測端生逝世之年也。蘭泉紫竹山房集序言「十餘年來殊以爲憾」。蒲褐山房詩話又謂「桂生來京師，始以〔其祖〕全集見示，并乞序言」。則從蘭泉乾隆四十七年壬寅修西湖志於杭州之時算起，歷十餘年，蘭泉與桂生兩人同在京師，即此序作成之時，亦即范某赦免之後，其時上距端生逝世之年，當不甚久，此可依次遞推而得之者也。

王昶春融堂集附嚴榮編述庵先生年譜乾隆五十四年條下略云：

> 二月二十四日得旨授刑部右侍郎。〔三月〕初五日起程，二十八日抵京。

五十八年條下略云：

> 四月初一日〔出京回籍修墓。〕十二月初二日〔回京，〕赴宮門，召見，〔乞休，〕上允之，遂以原品休致。

五十九年條下略云：

> 四月初一日赴通州下船。〔回籍。〕七月二十三日抵家。

六十年條下略云：

十一月十八日〔赴京預千叟宴。〕十二月二十一日抵京。

嘉慶元年條下略云：

二月初一日〔出京。〕三月初五日歸家。

四年條下略云：

正月太上皇帝升遐。入都。二月二十九日至京。四月二十日〔出京。〕七月抵家。

十一年條下略云：

〔先生病逝，〕時〔六月〕初七日丑時也。

碑傳集叁柒阮元撰王公昶神道碑略云：

〔乾隆〕三十六年温公福代阿公〔桂〕，移師四川，辦金川事，奉旨授吏部主事，從温公西路軍進討，温公屬公作檄，斥僧克桑罪，遂克斑斕山，進攻日耳寨。阿公奉詔由北路進兵，兼督南路。公復從阿公軍克小金川。僧克桑遁。澤旺降。進討大金川。三十八年夏温公兵潰木果木，阿公亦退兵至翁古爾壟，冬大兵復進，小金川平。復從討大金川。四十一年三路兵合，索諾木等率衆投罪。於是兩金川地悉平。凱旋之日賜宴紫光閣，陞鴻臚寺卿。四十五年秋丁母憂，服除，補直隸按察使。五十一年授雲南布政使。五十三年調江西布政使。五十四年擢刑部右侍郎。五十八年乞歸修墓，冬還京，以病乞休。嘉慶元年以授受大典至京，與千叟宴。四年純皇帝升遐，復至京，謁梓宮，夏歸清浦。十一年年八十有三，〔六月〕初七日卒。

耆獻類徵壹玖柒陳桂生傳略云：

陳桂生浙江錢塘人。由優貢生考取教習，期滿引見，以知縣用。嘉慶元年三月揀發湖北。四年題署大冶縣知縣。六年六月實授，九月陞安陸府同知。八年升安陸府知府，九年丁母憂。十三年五月補荆州知府，十二月升荆宜施道。

據上所引，自陳玉敦於乾隆五十三年由雲南返杭州後，王蘭泉共有三時期在北京。第一次爲乾隆五十四年至五十九年。（此期間自五十八年四月出京回籍修墓，至十二月回京，此短時期可以不計。）第二次爲嘉慶元年。（蘭泉於乾隆六十年十二月二十一日抵京，距除夕止數日，故此年可不計。）第三次爲嘉慶四年。

第三次桂生正在湖北任職知縣，甚少機會至北京請蘭泉作序也。

第一次若從蘭泉乾隆四十七年在杭州修西湖志算起，至乾隆五十七年或五十八年或五十九年，已十一、十二、十三年。蘭泉序中「十餘年」之語，自是可通。又桂生既「由優貢生考取教習，期滿引見，以知縣用。嘉慶元年三月揀發湖北」。光緒修清會典事例所載乾隆間制定優監事宜，未甚詳備。今取同書中同治間制定優貢事宜，並參以乾隆間制定拔貢事宜及官學規章等，綜合推計，以考定桂生到京之年月。

清會典事例叁捌伍禮部學校優貢優監事宜略云：

〔乾隆〕二十三年議准。嗣後保題之優生到部時，俟有四五名，本部奏請欽派大臣考試，分别等第進呈。其文理明通者，照例劄監肄業。

同治二年覆准。優貢一途，因無録用之條，多未來京報考。嗣後量爲變通，由各該學政覈實選舉，會同督撫保題，赴部驗到，定期奏考。由閱卷大臣酌量多寡，比較録取。其先後名次仍歸併定擬，由禮部帶領引見。考列一二等者，以知縣教職二項録用。

同書叁捌肆禮部學校拔貢事宜乾隆元年條略云：

覆准。各學政選拔貢生，務秉公考覈。考列一等二等者，九卿會同揀選，由部引見，其中果有卓越之才，自仰邀簡用。其三等者，停其簡選，照例劄監肄業。凡宗學義學教習即於此中考取。三年期滿，以知縣銓用。

同書叁玖肆禮部學校八旗官學乾隆八年條略云：

奏准。官學漢教習，每人給印册二本，該教習將三年内所教學生若干名，並學業功課詳細填注。俟期滿時，一册交新教習收存，照例填註。一册送監臣查覈。如實心訓課，著有成效者，列一等。其訓課勤謹，稍獲成功者，列二等。出具考語繕單引見。一等者可否用爲知縣。二等或用知縣，或用教職。恭候欽定，仍歸原班銓選。

寅恪案，桂生至遲在乾隆五十七年末，必已到北京。自有於五十七年或五十八年或五十九年請蘭泉作序之可能。然桂生此時既未決定往湖北，似不必請蘭泉作序，藉以求其介紹於湖北疆吏如畢沅輩也。

抑更有可論者，吾人今日觀此等禮部規定之具文，苟證以當時八旗官學之實況，即瞭然於官僚政治，凡所粉飾，多設科條，自矜整飭，不過供干禄求榮者之利用耳。良可嘆也。

第二次爲嘉慶元年，此年距乾隆四十七年蘭泉在杭修西湖志時已及十五年，與蘭泉「十餘年」之語符合，固不待言。其最可注意者，即桂生於嘉慶元年三月以知縣揀發湖北一事。通常之例，揀發之省份，雖出自上命，實則亦可由己身志願，預爲選定。故桂生表面上，以嘉慶元年三月揀發湖北。實際上，在此數月以前，早已預爲往湖北之計矣。但桂生以一候補知縣之資格，分發湖北，若無高級長官之知賞，恐將久滯宦途。依昔日社會情形，往往請託當時顯要之與疆吏有舊者，爲之介紹推見，桂生出身不過一優貢生耳。雖出自名家，亦工書法，（光緒間修杭州府志壹貳陸人物名臣肆胡琨撰陳桂生傳云：「學二王書，晚益工，政聲多爲書名所掩云。」）然其時句山逝世既久，其祖平日交誼篤摯者多已零落。就當日湖北一省之長官中，其能與桂生之升沈榮辱發生關係者，爲湖廣總督及湖北巡撫等人而已。茲檢嘉慶元年前後任湖北巡撫及湖廣總督之汪新畢沅傳碑等，節録之於下：

耆獻類徵初編壹捌肆疆臣類叁陸載清國史館汪新傳略云：

汪新浙江仁和人。乾隆二十二年進士，改翰林院庶吉士。二十五年授編修。三十三年升禮科給事中。三十四年轉户科掌印給事中。三十五年充江南鄉試副考官。五十六年十一月調湖北布政使。六十年五月擢安徽巡撫，時楚省賊匪滋事，經惠齡以留辦軍需奏請。嘉慶元年六月諭曰，汪新在湖北督理軍需，已爲熟諳，著即調補湖北巡撫。三年四月卒於軍督。

同書同卷張雲璈撰汪公墓志銘云：

公姓汪氏，諱新，字又新，號芍陂。

紫竹山房文集玖女史方芷齋詩集序略云：

老友方君滌齋（寅恪案，滌齋名宜照，錢塘人。）予未弱冠時同研席。有女曰芳佩，字芷齋，好學工詩。滌齋偕嫂夫人率女隨其夫汪編脩又新任抵京。芷齋見過，致拜床下。

王昶春融堂集伍貳畢公沅神道碑（參碑傳集柒叁）略云：

公名沅，字纕蘅，一字秋帆。曾祖諱祖泰，由休甯遷太倉，嗣太倉分縣鎮洋，遂爲縣人。乾隆十八年順天鄉試中式。又二年補内閣中書，直軍機處。二十五年成進士，以一甲第一人及第，授翰林院修撰。三十六年奉旨授陝西按察使。三十八年十二月授陝西巡撫。三十九年十二月丁張太夫人憂回籍。明年十月陝西巡撫員缺，奉旨著前往署理。五十年正月進京陛見，調河南巡撫，奉旨授湖廣總督，兼署湖北巡撫。五十九年降補山東巡撫。六十年正月仍授湖廣總督，即赴新任，二月奉旨令駐荆常適中之地。嘉慶元年湖北賊起，詭稱白蓮教，公赴枝江，調兵搜勦。明年公遵旨留駐辰州，七月初三日卒於官舍，年六十有八。夫昶與公鄉試同年，同直軍機處，又爲西安按察使，知公行事爲詳，庸敢掇其關於軍國之大者，勒諸貞石，以示後世。

寅恪案，桂生家本與汪新家交好。其祖兆嵛與新之夫人家交誼尤篤。兆嵛於乾隆三十五年夏秋間嘗借寓汪氏在京住宅，桂生當亦隨其父祖居此。（詳見下文論端生撰再生緣節中。）故桂生宦遊湖北，汪新必不至略不照拂。然汪新已於乾隆六十年五月受命巡撫安徽，雖經惠齡奏請留辦軍需，未曾離省，然直至嘉慶元年六月，方始正式改授湖北巡撫。當桂生在乾隆六十年末或嘉慶元年春初，預備以知縣揀發湖北之時，汪新之去留尚不能預料。此事在桂生心中，汪氏雖可依恃，而不甚確定者也。故此時桂生若往湖北，舍巡撫外，則最有關係者，莫過於湖廣總督矣。當日任湖廣總督者爲畢沅。秋帆乃乾隆朝宏獎風流之封疆大吏，亦嘗與陳句山有一日之雅，（見紫竹山房詩集壹貳送畢秋帆殿撰沅赴鞏秦階三路觀察任詩。）然句山與秋帆之關係，遠不及其與芷齋芍陂之密切，而桂生與秋帆又年位懸隔，當無深厚之交誼。職此之故，桂生當日在京求一與秋帆關係密切之人爲之介紹者，實舍蘭泉莫屬。觀蘭泉所撰秋帆碑文中，蘭泉自述其與秋帆之關係，明顯如此。蓋兩人同隸江蘇，同年鄉舉，同任軍機處章京，又同任陝西外職，歷年頗久，平時交好，最爲親密。（文酒之會如湖海詩傳貳貳畢沅詩選載「集聽雨篷小飲」詩，可見一例。）秋帆身後，其子孫以隧道之文屬之蘭泉者，非無因也。由是言之，桂生之請蘭泉序其祖之詩文集，表面視之，雖頗平常。然察其内容，恐不甚簡單。後來汪畢雖逝，而桂生卒由湖北守宰，致位通顯，則此一序甚有關係。通習古今世變之君子，不得不於此深爲嘆息者也。然則蘭泉於嘉慶元年二月即出都，其在京時間雖似短促，此時桂生既定計往湖北，實有請蘭泉作序之必要。故鄙意嘉慶元年爲蘭泉作序最可能之年，而是年之前，端生已卒，范某已歸，從可知矣。

桂生請蘭泉作序之年，當以嘉慶元年爲最可能，已如上所論。但范某赦歸之年，即端生逝世相近之年，則似距嘉慶元年較前，而與乾隆五十五年甚近。何以言之，范某非遇赦不能歸。依下文所引清高宗實録，范某乃以乾隆四十五年順天鄉試科場案獲罪遣戍，自此年以後至嘉慶元年，清室共有高宗八旬萬壽及内禪授受兩大慶典，范某皆可援此等慶典邀赦得歸。據清實録高宗實録壹叁肆陸略云：

乾隆五十五年正月壬午朔以八旬萬壽，頒詔天下。詔曰，各省現犯軍流以下人犯，俱著減等發落。其在配軍流人犯，已過十年，安分守法，别無過犯者，著各省督撫，分别咨部查照向例覈議，奏請省釋。

則范某若以犯罪之年算起，亦可云已過十年。若以到遣所之地算起，則似尚有問題。然依通常之例揣測，當可從寬援引此恩詔赦歸也。但據詔文，仍須咨部覈議及奏請省釋等手續觀之，則范某因公文往復，程途遥遠及經費籌措等問題，其歸家，早則在乾隆五十五年下半年，遲則在五十六年上半年也。據陳文述云：「堉遇赦歸，未至家，而□□死。」儻使范某果援此八旬萬壽慶典赦歸，則端生之死當在乾隆五十五年或五十六年也。

若范某不能援引乾隆五十五年八旬萬壽慶典赦歸，則必可援引嘉慶元年内禪授受慶典赦歸。何以言之？據清實録仁宗實録壹所載嘉慶元年正月戊申朔太上皇傳位慶典恩赦詔書略云：

各省軍流人犯，查明到配三年，實在安静守法，及年逾七十者，釋放回籍。

則此次赦罪之規定，較乾隆五十五年高宗八旬萬壽慶典赦罪之規定，大爲寬簡。范某即使不能於乾隆五十五年下半年或五十六年上半年，援八旬萬壽慶典恩赦獲歸，則必可於嘉慶元年邀授受慶典恩赦獲歸。此所以決定端生之年壽，不能超過嘉慶元年之理由也。據其祖句山紫竹山房文集壹伍冢婦行略略云：

〔乾隆〕庚午（十五年。）秋玉萬與次兒玉敦忝與鄉薦。明年（乾隆十六年辛未。）正月長孫女端兒生，次子婦出也。

是端生生於乾隆十六年，下推至蘭泉作序第一可能之年，即乾隆五十七，八，九年，則端生之壽不能超過四十四歲。若范某援乾隆五十五年清高宗八旬萬壽慶典赦歸，則端生之壽當爲四十歲或四十一歲。鄙意此期限之可能性最大也。若自乾隆十六年即端生生年下推至蘭泉作序第二可能之年，即嘉慶元年，則端生之壽，不能超過四十六歲。鄙意端生之逝世，似不應遲至此年，而以在此前四五年爲最合事理也。又據上引陳長生輓戴佩荃詩「説與圖中織素人」句，知乾隆五十四年秋間佩荃逝世時，端生猶在人間，其年爲三十九歲。則端生年壽不能少於四十歲。又如上述，端生之逝世，必在嘉慶元年以前，即四十六歲以前。則端生之年壽，無論如何，至少爲四十歲，至多不能超過四十五歲。總以四十歲或四十一歲爲最可能也。自昔才人多爲短命，端生雖不至上壽，然猶及中年，未可謂甚不幸也。

桂生請蘭泉作其祖詩文集序時，端生已死，范某已歸，自不待論。至玉敦是否健存，今雖不能確知，但據紫竹山房詩文集首所載之顧光撰陳兆崙墓志銘，知乾隆四十六年十一月兆崙葬時，玉萬已卒，玉敦猶存。又據同集首所載之郭麐撰兆崙神道碑文，（此文作成之時距兆崙之葬爲二十三年。）止言兆崙孫春生桂生等，而不及玉敦，則此時玉敦必先卒無疑矣。假使桂生請蘭泉作序時，玉敦尚健在者，范某之案既得解除，玉敦亦不必如前此之不肯以其父之詩文集示人及刊行也。又前已論及桂生當日請蘭泉作其祖集序時，其持示蘭泉之稿本，卷數較刊本爲多。桂生所以删削之故，雖不敢確言，但必因端生壻范某之關係無疑。桂生既大加删削，則此集之刊布，縱使玉敦尚在，亦可不反對。或者桂生請作序時，玉敦已卒，而桂生更加删削者，豈由長生及其他親友尚有不滿意者在耶？春融堂集本所載序文亦不同於蘭泉當日交付桂生之原稿者，殆以中多語病，致招陳氏親友之非議，遂亦不得不重改定耶？

長生寄外詩云：「縱教裘敝黄金盡，敢道君來不下機。」自命不作蘇秦之婦。觀其於織素圖感傷惓戀，不忘懷端生者如此，可謂非以勢利居心，言行相符者矣。嗚呼！常人在憂患顛沛之中，往往四海無依，六親不認，而繪影閣主人於茫茫天壤間，得此一妹，亦可稍慰歟？

文述於西泠閨詠壹伍繪影閣詠家□□詩序中言端生壻范某乃諸生，以科場事爲人牽累謫戍。又於頤道堂外集陸（碧城仙館詩鈔玖）題繪聲閣集四律第二首詩中文述自注亦言「端生適范氏，壻以累謫戍」。則欲考范某一案，必於乾隆朝鄉試科場案中求之，因范某爲諸生，不能關涉會試也。乾隆紀元凡六十年，舉行鄉試次數頗多，其與此案有關者，必在四十七年以前，三十九年以後，所以決定此後前兩時限者，實有特殊人事之關係。觀乾隆四十七年王昶在杭州修西湖志時，陳玉敦不肯以其父之詩文集示蘭泉，即知范某之案必已發生於此年以前，此後一時限定於乾隆四十七年之理由也。所以知此案必在乾隆三十九年以後者，即因端生於再生緣第壹柒卷首節云「錦瑟喜同新好合，明珠早向掌中懸」及「未酬夫子情難已，强撫雙兒志自堅」。則是端生結婚後一年即産一女，隔數年，又産一兒。其間或雖産兒而不育，要之，必有數年之間隔，否則不得用「早」字也。關於此點又須推測端生適范某之年月。端生於再生緣第壹柒卷中自言「庚寅失恃新秋月」，是其母汪氏卒於乾隆三十五年七月，而其父玉敦正在山東登州府同知任内也。又言「辛丑旋南首夏天」，據紫竹山房詩文集所附年譜，其祖兆崙卒於乾隆三十六年正月二十四日，而其父玉敦丁父憂，解登州府同知之任，其家因此南歸原籍杭州也。端生爲在室未嫁之女，依當時禮律，應服母喪三年，實即二十七個月。故端生於乾隆三十七年十月除母服。又端生應服祖父服朞年，故於乾隆三十七年正月末除祖父服。但其父玉敦之除父喪，以乾隆三十八年有閏三月之故，應在三十八年閏三月末也。依當日社會情況言，錢塘陳氏既爲士大夫禮教之家庭，除其壻范氏一方面有何問題，今難考知，可不計外，則端生結婚之期縱可勉從權變，或得在除其母汪氏服，即乾隆三十七年十月之後，然總以其父玉敦除端生祖兆崙之服，即乾隆三十八年閏三月末之後，方合禮法也。又據紫竹山房文集壹伍冢婦吴氏行略云：

〔乾隆〕庚午（即乾隆十五年。）秋玉萬與次兒玉敦忝與鄉薦。明年（乾隆十六年辛未。）

正月長孫女端兒生，次子婦出也。

是端生於乾隆三十七年十月除母服時，年已二十二歲，其父玉敦於乾隆三十八年閏三月末，除其父兆崙服時，端生年已二十三歲矣。當時女子通常婚嫁之期，大抵不逾二十歲，端生婚期實已嫌晚，而非更別有不得已之故，不宜再延。故端生適范某之年月，至早在乾隆三十七年冬間，至遲亦不能在乾隆三十八年冬季以後也。若依當日社會風俗推論，要以乾隆三十八年玉敦除其父喪後，端生始適人，於禮法及情勢爲最妥便。職此之故，鄙意假定乾隆三十八年夏季至冬季的時間爲端生適范某之年月，雖不能中亦不遠矣。若端生於乾隆三十八年結婚，三十九年産一女，此後數年間復産一兒，則范某之案不能發生於三十九年以前，此前一時限定於乾隆三十九年之理由也。

今考清代史乘，乾隆三十九年後，四十七年前，共有四十二年丁酉，四十四年己亥，四十五年庚子三次鄉試，而四十五年恩科順天鄉試適發生科場舞弊之案。此案清高宗實録乾隆四十五年八月及九月凡有五次記載，（其第一次可參清會典事例叁肆壹禮部伍貳貢舉整肅場規壹乾隆四十五年諭。）其文頗繁，兹僅節録其最有關者，并附論釋於下。憶二十餘年前整理明清内閣大庫檔案，編輯明清史料，見乾隆朝三法司檔案甚多。當時未能詳檢，不知其中是否有與此案有關之文件。今此項檔案盧溝橋事變後已不在原處，暫不能查閲。又故宮博物院清軍機處奏鈔上諭檔中復有關於此案之文件，據司其事者云：「此項材料南運未返。」則其與清高宗實録詳略同異如何，亦無從比較也。

清實録高宗實録壹壹壹叁略云：

〔乾隆四十五年九月〕甲申又諭曰：刑部審訊鄉場傳遞文字之謄録陳七等一案，將陳七擬絞監候，其代倩作弊之恒泰春泰范兖陶雲鶴發往烏魯木齊，不能禁約子弟之勒善陶淑交部嚴加議處等語。此案科場傳遞積弊聞之已久，但總未經發覺，姑未深究。今陳七等既經拏獲，若不力爲整頓，使之懲儆，則舞弊營私，將何底止。此案陳七一犯，包攬得贓，藐法無忌，實爲罪魁，問擬絞候，自屬法無可貸。恒泰春泰著削去旗籍，與范兖陶雲鶴一併發往伊犁，給種地兵丁爲奴。其勒善陶淑均即著革職，以爲科場舞弊玩法者戒。

同書高宗實録壹壹壹肆略云：

〔乾隆四十五年九月〕丁亥諭：鄉試爲掄才大典，欲拔真才，先清弊竇。本年順天鄉試，經搜檢王大臣奏，拏獲懷挾傳遞及頂名代倩，不一而足。各犯已交部從重辦理，用昭炯戒。順天科場，特派王大臣等，於磚門龍門逐次嚴查，尚有此等弊竇。何況外省稽察搜查，斷不能如京師之嚴密。該巡撫等職任監臨，摘弊防奸，是其專責。乃歷年披閲各該撫奏摺，惟今年富綱（寅恪案，清史稿貳佰捌疆臣年表陸各省巡撫表載乾隆四十五年富綱任福建巡撫。）奏稱，先於場前訪查積習，出示禁諭，併增築夾牆，另開更道，於擡運人夫，逐加搜檢，印用號戳，並不假手吏胥等語。辦理較屬認真，此外則均以三場無弊一奏塞責，並未見有查出懷挾傳遞頂冒之事。豈作奸犯科者，惟順天有之，而各省竟俱弊絶風清如此乎？實因各撫臣模稜市譽，不肯認真任怨耳。夫取怨於作奸犯科之人，亦何妨乎？嗣後各省巡撫，凡遇大比之期，必須實力稽察，慎密防閑，如有前項弊端，即當立時查獲，嚴加究治，從重覈辦，務令闈中積弊肅清，士子懷刑自愛，庶足以甄別人材，振興士習。將此通諭知之，並令於每科引此旨覆奏，著爲例。

寅恪案，端生之壻范某是否即范菼，今難確定。然乾隆三十九年以後，四十七年以前，三次鄉試科場中，惟此次發生作弊之案。據高宗諭中「歷年披閱各該撫奏摺」之語，則是至少此年以前數年，未有作弊案發生，更可推知。此案中之范菼乃由陳七口供牽累，既與陳文述所言者相合，又其罪爲發往伊犁，亦與端生壻之事相符。今未發見明確之反證，不得不暫假定范菼即端生之壻范某也。綜觀高宗屢次御旨，知其意在嚴懲窮究，廣肆株連，並通諭全國，凡遇科試之期，負監臨之責者，須引此旨覆奏，永爲定例。則此案性質嚴重，一至於是。當日陳氏親友惴惴畏避，若恐被其牽累，遂不敢略一涉及端生者，非無因也。

復次，清代江浙士人因長洲韓元少掇高科享盛名之故，往往喜用其名，以「菼」爲名。「菼」

既是單名，「范」亦非僻姓，則乾隆之時，江浙地域同稱「范菼」者，當不止一人。今翻檢當時史料，發現有一「范菼」者，其人乃陳兆崙交友范璨之子。（見紫竹山房詩集叁書榜自注，同書捌呈范侍郎奠文燦前輩即送歸禾中二首自注及文集捌湖北鄉試録序又陳句山先生年譜乾隆六年辛酉條。寅恪案，范氏之名及字，今所見諸種材料，往往不同。其名當以作「璨」爲是，蓋清高宗實録壹叁貳乾隆五年十二月戊戌條及同書壹捌柒乾隆八年三月庚午條，清史稿拾高宗本紀壹同年月日條，清朝進士題名碑雍正二年甲辰科姚璨條，清國史館范璨傳，陸燿范公神道碑等，皆作「璨」也。惟清史稿貳佰捌疆臣年表作「燦」，與本書高宗紀自相違反，殆吴廷燮撰表時未詳察耳。紫竹山房詩文集及所附年譜引范氏之名共有三處，僅文集捌作「璨」，餘二處均作「燦」。至范氏之字，諸材料均作「電文」，而紫竹山房詩文集及所附年譜則俱作「奠文」，不似誤寫，未知何故，殊可注意。他若諸地方志於范氏之名往往或作「璨」，或作「燦」，以其取材不同所致，可不深論。）然其可能性固大，可疑之點亦多。茲略引史料稍辨釋如下：

陸燿切問齋集拾資政大夫工部侍郎范公神道碑（參王昶湖海文傳伍拾陸燿文選及碑傳集叁貳陸燿撰范公璨神道碑。）略云：

乾隆辛巳之歲，恭逢聖母皇太后七旬萬壽，上命文武廷臣及予告在籍年七十以上者各九人，賜遊香山，製九老詩以寵之，時則資政大夫工部侍郎松巖范公與焉。蓋公自丙寅蒙恩致仕，至是以慶典來朝，獲廁耆英之會，朝論榮之。越六年丙戌十二月，有司以公卒聞，諭祭如例。以某年月日葬公於木瀆之阡。公諱璨，字電文，一字約軒，其曰松巖者，以上賜「松巖樂志」額，因以爲號也。系出宋文正公長子監簿公純佑之後，公登康熙癸巳鄉薦，雍正甲辰進士，改庶吉士。〔後〕巡撫湖北安徽。入爲都察院副都御史，工部侍郎。旋以兩親尚在淺土，特疏請，遂得蒙恩卜葬，並許歸田。居平益以盛滿爲戒，潔清之操，晚節彌勵，菜羹蔬食，不異貧寒。公既貴顯，讓宅於從父兄弟，而自卜居於吴興之南潯。其卒之年距生於康熙庚申，享年八十有七。配孫夫人。子二人，儀薰，國子監生，菼，貢生，皆先公卒。孫三人，墀、城、塏，皆國子監生。女二人，孫女二人，皆適士族。曾孫男女十四人。予於公爲鄉後學，墀又姻也。（寅恪案，爾雅釋親云「壻之父爲姻」。然則燿之女適墀之子也。）以公隧道之文來請，因敍其世次歷官行誼，而系以銘。

李桓耆獻類徵初編柒陸卿貳類叄陸載清國史館范璨傳略云：

范璨浙江秀水人。雍正二年進士，改翰林院庶吉士。〔乾隆〕五年遷湖北巡撫。八年三月調安徽巡撫。九年六月召還京，九月授都察院左副都御史。十年五月遷工部左侍郎。十一年請假回籍，尋以年老休致。三十二年卒。（寅恪案，璨實以乾隆三十一年十二月卒。

李桓耆獻類徵此卷出自清國史館列傳原本，蓋官書所記，乃從賜祭葬之年耳。）尋賜祭葬。

范來庚南潯鎮志貳建置志居第門載：

九老第。（原注：在東柵大街。范司空璨致仕所居。欽賜「香山九老」，故名。）樂志第。（原注：在東柵皇御河。少司空松巖公子貢生范菼所居。御書「松巖樂志」匾，故名。寅恪案，此語大可注意，似范璨卒後其子菼猶居此第也。可參下文論范菼先其父卒節。）

光緒七年修烏程縣志貳叁寓賢略云：

范璨字電文，號約軒，晚號松巖。榜姓姚。（寅恪案，清朝進士題名碑雍正二年甲辰科載：「二甲三十五名姚璨，浙江秀水縣。」）世家吳江之麻源九曲里。秀水籍。既貴顯，讓宅於從父兄弟，而移家烏程之南潯，其居在東柵大街者，曰九老第，復構樂志堂於皇御河西，恭奉御書「松巖樂志」匾額。三十一年卒，年八十七，賜祭葬。著有樂志堂集。露清篇。（蘇州府志、南潯志、切問齋集范公神道碑。）

寅恪案，陳兆崙與范璨既同朝雅故，復同鄉里，門户匹對。范氏爲秀水人，與端生外祖汪上堉同縣，其家又寓烏程之南潯鎮，與端生妹長生夫家葉氏同居湖洲。據端生再生緣第壹柒卷首節「更忻夫壻是儒冠」之語，復與貢生之資格相符及鄉試科場有關，則范菼即陳端生之夫范某，其可能性甚大。但范璨既卒於乾隆三十一年末，而端生之適人，如上文所推論，當在乾隆三十八年，其時璨子菼已先璨卒，此可疑之點一也。又乾隆四十五年順天鄉試一案，范菼始獲罪遣戍，時間又更在三十一年范璨卒年之後，此可疑之點二也。說者或謂陸燿碑文菼已「先公卒」之語，蓋有所避忌而改易，此固可通，然再生緣第壹柒卷首節端生自言「幸賴翁姑憐弱質」，則端生適范某之初，其翁仍健存，而范璨已卒於乾隆三十一年末，此時端生尚在閨中，斯豈可通耶？若欲勉强認定范璨之子菼即是端生之夫，則必須有兩項假設。（一）陸燿「子二人，儀薰、菼，皆先公卒」之語，乃是諱改。考陸郎夫卒於乾隆五十年六月二十三日。（見碑傳集柒叁馮浩撰陸君墓志銘。）是此碑文作成之年月不能後於此時限。又考郎夫以母陳氏病，於乾隆四十三年十二月乞歸侍疾。四十六年十一月丁母憂。四十七年十二月奉旨往山東辦理運河隄務。（見耆獻類徵壹捌叁清國史館陸燿傳。）揆以通常情事，陸氏撰此碑文當在以母疾乞歸居家時。（陸氏此時實居浙江秀水，而不在江蘇吴江。見馮浩撰陸君墓志銘。又范氏本秀水籍。紫竹山房詩集捌「呈范侍郎奠文燦前輩即送歸禾中」二首。其所謂「禾中」，即指秀水言也。）因范菼之案發生於乾隆四十五年秋季，上距陸氏之丁母憂，其間尚有一年餘之久，可以受范璨孫墀之請，作此碑文。若陸氏自丁母憂至往山東時，雖亦有一年餘之久，但在母喪中，恐不便受范氏之請，撰此碑文。又今陸氏所撰切問齋集，雖不編年月，而此碑文之後即接以「保德州知州錢之青墓碣」。此碣文乃燿任湖南巡撫時所作。（耆獻類徵壹捌叁清國史館陸燿本傳略云：「〔乾隆〕四十九年七月擢湖南巡撫。五十年六月卒。」）以篇章排列次序先後言之，則此碑文作成之時，下距郎夫之卒甚近。其在乾隆四十五年范菼案發生之後，更可推知。然則碑文之諱改，自是可能之事也。又依常例言，神道碑文之作自當在已有墓志銘之後。今檢清代載籍，關於范璨身後之文，唯見陸燿所撰神道碑一篇，而未發見有墓志銘。豈范松巖實曾有墓志銘，乃其太親翁陳句山所撰，後爲陳桂生所删削，遂致不傳耶？姑記此疑，更俟詳考。（二）范菼既非璨之長子，自有出繼之可能。如陳兆嵛以其次子玉敦出繼其弟兆嵋之事，即可爲證。（見紫竹山房文集壹伍仲弟眉山行略。）果爾，則端生書中所謂之「翁」，乃菼出繼之父，亦即璨之弟也。然歟？否歟？非所敢確言也。

至於范璨神道碑文撰者陸燿，其與陳端生父玉敦之關係，亦有可述者。燿與玉敦同於乾隆十九年以舉人考授内閣中書。燿又於「〔乾隆〕三十五年八月選雲南大理府知府，以親老改補近省，十二月調山東登州府知府。三十六年調濟南府知府」。（見耆獻類徵壹捌叁清國史館陸燿傳及紫竹山房集附載陳句山先生年譜乾隆十九年甲戌條。）則燿亦與玉敦同時同官山東登州。但史文簡略，不知燿是否未到登州，即改調濟南耳。若燿果一蒞登州者，則玉敦雖於乾隆三十六年正月丁父憂，然端生實於此年四月始返杭州。（再生緣第壹柒卷第陸伍回首節「辛卯旋南首夏天」。）則燿之家庭如亦同在登州者，或尚可與端生相見。燿本爲吳江人，吳江乃范璨原籍，即上引燿撰碑文中所謂「予於公爲鄉後學」者。燿於范墀爲姻親，雖不知始於何時，但陸范兩家當早有交誼，而燿又與陳氏友好，豈端生與范菼之婚姻，即由陸氏所介紹耶？此乃大膽之妄測，殊不敢自信者也。

抑更可論者，范璨以乾隆三十一年卒，其年八十七。假定其在六七十歲間生子菼，則端生與菼結婚時，菼年當爲三十餘，而端生如上所論，已二十三歲。以當日社會婚嫁年齡常情推之，菼當是繼娶無疑。璨有孫三人，孫女二人，不知其中孰是端生所生者，今亦不可考知矣。總而言之，未見陳范兩氏家譜以前，端生夫壻問題實一懸案，不能滿意解決也。（寅恪初疑陳端生之夫范某爲乾隆時因收藏顧亭林集獲罪，議遣戍，而被赦免之范起鳳。後又疑爲乾隆間才女陳雲貞之夫，以罪遣戍伊犂之范秋塘。搜索研討，終知非是。然以此耗去日力不少，甚可嘆，亦可笑也。）

至於乾隆四十五年順天鄉試科場一案，其中獲罪諸人，除范菼以外，亦略有可論者。此案主犯陳七必有真實之名，當時諭旨及刑部奏疏僅稱「陳七」者，蓋承辦此案之法官不欲多所牽連，故遂隱去其真名，而逕以排行之稱謂著之公牘耳。陳七之名今既無可考，茲可不論。若恒泰春泰二人自是兄弟。高宗諭旨既言「削去旗籍」，又特改部議發往烏魯木齊爲發往伊犂，則此二人當是與烏魯木齊有關之旗人無疑。勒善以不能禁約恒泰春泰二人革職，則其人必是恒泰春泰之家長。據此諸端推論，今於清代史料中，發現一勒福，頗合上列條件。然仍有疑義，尚待詳考。茲姑引史料，略辨釋之於下：

耆獻類徵初篇叁貳貳將帥類陸貳載清國史館勒福傳略云：

> 勒福初名勒善。哩那氏，蒙古鑲藍旗人，吐魯番駐防。由委前鋒校於乾隆五十八年派赴葉爾羌戍守一次。〔道光〕十五年二次俸滿，經烏魯木齊都統長清保薦，由兵部帶領引見，得旨：「勒善著更名勒福。」二十年以年力就衰，命原品休致。二十三年卒。子祥泰驍騎校。

寅恪案，勒福本名勒善。清宣宗何以特改其原名，今不能詳知。然其原名必有所避忌，自無可疑。其人既屬吐魯番駐防，又經烏魯木齊都統長清保薦，似恒泰春泰之由發往烏魯木齊改爲發往伊犁者，其理由或即在此。雖然，此勒福是否即乾隆四十五年順天鄉試科場案中之勒善，尚難斷定。因傳言勒福於道光二十年，以年力就衰致仕。則此時其年齡必已老邁，可以決言。若上推至乾隆四十五年，其間距離已有六十年之久，故乾隆四十五年順天鄉試科場案之時，其人之年齡至多亦當爲二十歲上下，其所生之二子，至多亦不過數歲。縱此二子俱爲「小時了了」之神童，然順天鄉試非神童特科，如此幼小年齡絕不能入闈應試。由是言之，恒泰春泰必非勒福之子可知。但此勒福之子，其名爲祥泰。以「泰」字爲名，明是與恒泰春泰爲兄弟排行。否則天下恐無如此巧合之事也。頗疑恒泰春泰乃勒福之姪，而非其子。諭旨中所謂不能「禁約子弟」者，乃泛指家長而言，非謂恒泰春泰即其子或弟也。陶雲鶴今無可考。惟有陶淑者，據清朝進士題名碑，乾隆二十二年丁丑科二甲二十九名爲陶淑。其人乃江西南城縣籍，雖名列等次頗高，然未入翰林館選，（參光緒修江西通志叁貳及叁肆選舉表及光緒補道光修建昌府志柒之肆選舉表，并南城縣志柒之貳。）以州縣外職終老。此陶淑之仕宦年代甚合陶雲鶴父之條件。但今所見史料殊爲簡略，不易決定此陶淑果是乾隆四十五年順天鄉試科場案中有關之人與否也。詳檢清代史傳，陶姓淑名者，固不止一人。然時代相當，其他條件亦符合而又不爲女性者，實止有江西南城陶淑一人。兹節録地方志之文，略辨釋之於下。南城縣志捌之貳宦業陶淑傳（光緒補道光修建昌府志捌人物宦業下，又可參畿輔通志壹玖貳宦績拾。）略云：

陶淑字作人，號秋山，南城人。乾隆癸酉中式北闈鄉試。丁丑成進士。選授盧龍令。遷臨榆。調衡水。陞保安知州。以事詿誤。補棗强令。内艱服闋。補陝西麟遊令。前後服官四十餘年。性耽吟詠，公暇與僚屬相倡和，不以宦遊偃蹇介意也。著有秋山詩集。（參光緒修江西通志壹壹壹藝文略集部伍别集。又南城縣志玖之陸藝文中載陶淑姑山吟七古一首。）

寅恪案，陶淑傳中言其任保安州知州時「以事詿誤」，而不明言其爲何事。但據乾隆修衡水縣志首載陶淑序（此序所署年時爲乾隆三十二年丁亥季秋。）云：

淑既受命衡水之五年，乃克纂輯縣志，勒成一書。

道光修保安州志伍職官表知州載：

陶淑。（字秋山。江西南城。進士。重修州城。乾隆三十九年任。）

范清瀠。（監生。署。）

李能聰。（廣東四會縣。貢生。乾隆四十五年任。）

嘉慶修棗强縣志伍職官表知縣乾隆四十九年任者凡四人：

范安仁。（署任。四川成都人。拔貢。）

陶淑。（江西南城人。丁丑進士。）

黄應隆。（署任。湖南寧鄉人。副榜。）

蒯祖炳。（江蘇吴江人。監生。）

可知陶淑任保安州知州「以事詿誤」，當在乾隆四十五年。既在四十五年，則是陶雲鶴之父，又可確定矣。總而言之，此科場案發往伊犂罪犯四人中，恒泰春泰本是駐防烏魯木齊之蒙古族，當不工於代古聖立言之八股文及頌今聖作結之試帖詩。（如戚本石頭記第壹捌回「慶元宵賈元春歸省，助情人林黛玉傳詩」中林黛玉代倩作弊，爲其情人賈寶玉所作「杏帘在望」五律詩，其結語云「盛世無飢餒，何須耕織忙」，及第伍拾回「蘆雪庵爭聯即景詩，暖香塢雅製春燈謎」中李紋李綺所聯「即景聯句」五言排律詩，其結語云「欲誌今朝樂，憑詩祝舜堯」等即是其例。又悼紅軒主人極力摹寫瀟湘妃子，高逸邁俗，鄙視科舉，而一時失檢，使之賦此腐句，頌聖終篇。若取與燕北閒人兒女英雄傳第叁拾回「開菊宴雙美激新郎，聆蘭言一心攻舊業」中渴慕金花瓊林宴及誥封夫人，而行酒令之十三妹比觀，不禁爲林妹妹放聲一哭也。）陶雲鶴既爲乾隆二十二年丁丑科進士陶淑之子，若范菼之父又爲樂志堂主人，則雲鶴及菼二人俱屬科舉出身之家庭，代倩作弊，頗爲可能。所可注意者，勒善陶淑以恒泰春泰陶雲鶴之故，牽連獲罪，而范菼之父未聞累及，其人必已早死無疑。即使范菼雖已出繼，而此時其繼父當亦亡故。然則范菼爲范璨之子，雖未得確據，但就菼父不被累及一端言之，亦可旁證此案中之范菼，即是烏程縣南潯鎮樂志堂之少主人也。

茲論陳端生生卒年月及其壻范某事蹟之可考者已竟，請論端生撰再生緣之年月及地點如下。

再生緣第壹卷第壹回云：

閨幃無事小窗前，秋夜初寒轉未眠。燈影斜搖書案側，雨聲頻滴曲欄邊。閒拈新思難成句，略撿微詞可作篇。今夜安閒權自適，聊將彩筆寫良緣。

寅恪案，以上爲端生自述其初撰再生緣之年月也。然未明言是何年，又止言「秋夜初寒」，亦不注明何月。據此書第玖卷第叁叁回云：

五月之中一卷收，因多他事便遲留。停毫一月工夫廢，又值隨親作遠遊。家父近將司馬任，束裝迢遞下登州。

是從端生父玉敦赴山東登州府同知任期，逆數至前一年，即再生緣開始寫作之年也。據端生祖兆崙紫竹山房詩文集附陳玉繩所撰句山先生年譜云：

（乾隆）三十四年八月，先生次子玉敦以中書改官山東登州府同知。

然則乾隆三十四年前一年即三十三年，乃再生緣開始寫作之年也。

開始寫作之年既定，開始寫作之月爲何月乎？據再生緣第貳卷第伍回首節略云：

仲冬天氣已嚴寒，獵獵西風萬木殘。短晝不堪勤綉作，仍爲相續再生緣。

是第貳卷開始寫於乾隆三十三年仲冬十一月。但第壹卷第肆回末節云：

書中雖是清和月，世上須知歲暮天。臨窗愛趁朝陽暖，握管愁當夜氣寒。

所謂「歲暮」者，實指冬季或即孟冬十月。否則第貳卷明言開始寫作於仲冬十一月，「晝短」即包含冬至之月，其前一卷絶無寫於「歲暮」十二月之理也。故「歲暮」二字，不可拘泥誤會。既是孟冬十月寫成第壹卷，則第壹卷首節所謂「秋夜初寒」者，殆指季秋九月而言。據句山先生年譜乾隆三十三年戊子條下略云：

先生以先世兆域未卜，九月命長子（玉萬）隨侍周夫人率眷屬南還。次子（玉敦）官中書，六年俸滿，奉旨記名外用，留京供職。

可知乾隆三十三年九月間，端生之祖母周氏及伯父或伯父之妾林氏等（玉萬有妾林氏，即安生春生桂生之母。見紫竹山房文集壹伍冢婦吳氏行略及壹捌先府君〔暨〕先妣沈太夫人合葬墓誌。）皆已回杭州。京寓中人少事簡，而端生以長孫女之資格，平日所應擔負之家務亦因之稍減，可以從事著作。其自謂「閨幃無事」乃是實情，故可推定再生緣開始寫作於乾隆三十三年九月也。開始寫作年月既定，開始寫作地點爲何處乎？復據句山先生年譜乾隆三十四年己丑條下略云：

正月二十二日出京。

又乾隆三十五年庚寅條下略云：

五月假滿赴闕，時長子（玉萬）亦謁選，隨侍入京。是月（八月）長子（玉萬）選授山東濟陽縣知縣。先生初至京，借寓汪芍坡給諫（新）宅。九月杪移歸外廊營舊宅。

可知陳兆崙全家本居北京外廊營舊宅。乾隆三十三年九月，端生伯父隨侍端生祖母率眷屬先回杭州。三十四年正月，端生祖父又返原籍。同年秋間，端生父玉敦一房赴任登州。至三十五年五月兆崙率玉萬等返京之後，不逕回外廊營舊宅，而借寓汪芍坡（新）宅者，當由此時汪氏以户科給事中充江南鄉試副考官，故兆崙等得於是年夏秋時間借寓汪宅。至於陳汪兩家之關係，則汪芍坡與兆崙同是杭州人，其夫人方芷齋（芳佩）之父滁山（宜照）又爲兆崙丱角舊友，觀紫竹山房詩集壹拾方滁山爲壻汪編修（新）迎至邸寓七律，可以推見也。然則兆崙於乾隆三十五年九月遷回外廊營舊宅，其子玉萬玉敦兩房皆已往山東，（寅恪以爲玉萬玉敦本爲同胞兄弟，雖據紫竹山房文集壹伍仲弟眉山行略，玉敦曾出繼其胞叔兆嵋，仍是同祖兄弟。但此次兄弟二人，同官山東，據陳句山先生年譜乾隆三十五年庚寅條，後又同官江南，其所以不迴避同省者，蓋由同知及知縣之官秩皆在道府以下，與前引楊芳燦事例不同也。）不復寓外廊營矣。但外廊營舊宅實是再生緣發祥之所，故爲最有價値之地，蓋端生撰再生緣自第壹卷至第捌卷即自乾隆三十三年九月至三十四年五月皆在北京外廊營舊宅。此宅是否即王蘭泉紫竹山房詩文集序中所指之宅，今雖不能確知，但序文中「入其家，衡門兩版，凝塵滿席」之語，恐能適用於兆崙在京所居之諸宅，（兆崙在京所居之宅今可考知者，尚有粉房琉璃街，賈家衚衕，鐵老鸛廟巷，棉花衚衕，虎坊橋等地。可參光緒修順天府志京師志壹肆坊巷下。）其皆非宏麗，可以推知也。端生於再生緣第壹柒卷第陸伍回首節云「追憶閨中幼稚年」及「隔牆紅杏飛晴雪，映榻高槐覆晚烟」，雖似指登州同知官舍而言，然「紅杏高槐」乃北方所常見，本非限於一地，若視作描繪外廊營舊宅之語，則於久客長安，習知城南坊宅情況之人，更覺端生此言，親切有味，亦不必過泥至認爲止可適用於牟子舊邦（再生緣第壹肆卷第伍陸回末節云：「錦綺裝成牟子國。」）景物之描寫也。再生緣第玖卷至第壹陸卷，爲端生自乾隆三十四年八月中秋起至三十五年三月春暮止，在登州同知官舍内所寫。此八卷約經七月之久寫成，雖端生自云「前幾本，雖然筆墨功夫久，這一番，越發芸緗日月遥」，（見再生緣第壹陸卷第陸肆回末節。）其實依端生撰寫第捌卷以前之平均速度計之，並非遲緩。此不過詞人才女感慨撝謙之語，讀者不宜拘執也。或者端生此時早已見及其母汪氏之病漸已增劇，又己身不久亦將于歸，人事無常，俗累益重，所以日夜寫作，猶恐遲緩，其於再生緣第壹柒卷首節所謂「由來蚤覺禪機悟」者，殆亦暗示此意耶？此一段時期爲端生一生最愉快之歲月。再生緣第壹柒卷首節所言「地鄰東海潮來近，人在蓬山快欲仙」，（「蓬山」蓋兼指登州府蓬萊縣。古典今事合爲一詞，端生才華於此可見一斑也。）即端生於乾隆四十九年甲辰續寫再生緣時，追憶此時期生活之語也。茲不詳述此時期每卷寫作之年月，僅迻録其第玖卷開始寫作時及第壹陸卷完成時之記載，略加詮釋於下。

再生緣第玖卷第叁叁回首節略云：

家父近將司馬任，束裝迢遞下登州。行船人襍仍無續，起岸匆匆出德州。陸道艱難身轉乏，官程跋涉筆何搜。連朝耽擱出東省，到任之時已仲秋。今日清閑官舍住，新詞九集再重修。這正是，光陰如駿馬加鞭，人事似落花流水。

轉眼中秋月已殘，金風争似朔風寒。欲着幽情無着處，從容還續再生緣。

又同書第壹陸卷第陸肆回末節略云：

起頭時，芳草緑生纔雨好，收尾時，杏花紅墜已春消。良可嘆，實堪誇。（寅恪案，「誇」疑當作「謿」。）流水光陰暮復朝。別緒閑情收拾去，我且得，（寅恪案，坊間鉛印本「得」作「待」，似更佳。）詞登十七潤新毫。

寅恪案，端生雖是曹雪芹同時之人，但其在乾隆三十五年春暮寫成再生緣第壹陸卷時，必未得見石頭記，自不待言。所可注意者，即端生杏墜春消，光陰水逝之意固原出於玉茗堂之「如花美眷，似水流年」之句，却適與紅樓夢中林黛玉之感傷不期冥會。（戚本石頭記第貳叁回「西廂記妙詞通戲語，牡丹亭艷曲警芳心」之末節。）不過悼紅僅間接想像之文，而端生則直接親歷之語，斯爲殊異之點，故再生緣傷春之詞尤可玩味也。寅恪近有看花送春之作，亦關涉牡丹紅杏者，故附録於此。詩之詞句重複鈎連，固是摹擬繪影閣體。然意淺語拙，自知必爲才女之鬼所鄙笑也。

甲午嶺南春暮憶燕京崇效寺牡丹及青松紅杏卷子有作：

回首燕都掌故花，花開花落隔天涯。天涯不是無歸意，争奈歸期抵死賒。（改宋人詞語。）

紅杏青松畫已陳，興亡遺恨尚如新。山河又送春歸去，腸斷看花舊日人。

復次，端生於乾隆三十四年秋，隨父玉敦由北京赴山東登州同知任所，其初一段行程爲舟行，蓋取道運河也。其自言「行船人襍仍無續」，則於第壹柒卷首節所言「歸棹夷猶翻斷簡」者，情形殆不同矣。端生於乾隆三十六年夏間返杭，自是舟行，大約亦由德州乘船，其登州德州一段路程，仍是乘車陸行，與前此自北京赴登州時，由德州登岸乘車者不異。所謂「陸道艱難身轉乏」者，則昔時深閨弱質，（再生緣第壹柒卷首節有「幸賴翁姑憐弱質」之句。）騾車陸行之苦況，有非今日交通便利之時代所能瞭解者矣。又再生緣第壹柒卷首節云「自從憔悴堂萱後，遂使芸緗綵筆捐」及「庚寅失恃新秋月，辛卯南旋首夏天」，則端生之母汪氏自乾隆三十五年暮春以後即病劇，端生因此不能從事寫作，至是年七月其母汪氏病逝，更不能繼續撰著。直至乾隆四十九年甲辰仲春方始續寫第壹柒卷，此端生所謂「悠悠十二年來事，盡在明堂一醉間」者，即由乾隆三十六年辛卯後一年壬辰算起，至乾隆四十八年癸卯止，實爲十二年。端生所以從壬辰年算起者，因在辛卯年自登州返杭州途中，於再生緣十六卷稿本，猶略有所修改。再生緣第壹柒卷首節謂「歸棹夷猶翻斷簡，深閨閒暇待重編。由來蚤覺禪機悟，可奈于歸俗累牽」，即指此而言。蓋端生以母病劇輟寫，返杭州途中稍加修改，及到杭州後，即爲俗事牽累擱置此稿，直至經過十二年之久，方始續寫也。嗚呼！端生於乾隆三十五年輟寫再生緣時，年僅二十歲耳。以端生之才思敏捷，當日亦自謂可以完成此書，絶無疑義。豈知竟爲人事俗累所牽，遂不得不中輟。雖後來勉强續成一卷，而卒非全璧，遺憾無窮。至若「禪機蚤悟」，俗累終牽，以致暮齒無成，如寅恪今日者，更何足道哉！更何足道哉！此十二年後所續寫者，即今再生緣第壹柒卷，卷中首節及末節端生自述其撰著年月及續寫經過頗詳，上文已迻録之矣。

再生緣第壹柒卷第陸伍回首節云「歲次甲辰春二月，芸窗仍寫再生緣」，及第陸捌回末節云「八十張完成一卷，慢慢的，冰弦重撥待來春」，則端生自乾隆四十九年二月至十二月，將近一年之時間，僅成此一卷，與前此寫作此書之速度大不相侔，斯蓋其心身及環境之變遷所致。否則以端生之才華，絶不至如平山冷燕第陸回中宋山人之被才女冷絳雪笑爲「一枝斑管千觔重，半幅花箋百丈長」者也。再生緣第壹柒卷第陸捌回末節云「向陽爲趁三年日，入夜頻挑一盞燈」者，（此句法與第壹卷第肆回末節之「臨窗愛趁朝陽暖，握管愁當夜氣寒」正同，而意境則大異也。）端生自謂前此寫成十六卷，起於乾隆三十三年秋晚，訖於三十五年春暮，首尾三年，晝夜不輟。今則「殊非是，拈毫弄墨舊時心」，其綢繆恩紀，感傷身世之意溢於言表，此豈今日通常讀再生緣之人所能盡喻者哉？今觀第壹柒卷之文字，其風趣不減於前此之十六卷，而淒涼感慨，反似過之。則非「江淹才盡」，乃是「庾信文章老更成」，抑又可知也。

（庾信哀江南賦云：「天道周星，物極不反。」蓋子山謂歲星十二年一周天，人事亦當如之。今既不然，可悲甚矣。端生云：「悠悠十二年來事，盡在明堂一醉間。」又云：「歲次甲辰春二月，芸窗重寫再生緣。」自再生緣十六卷寫完，至第壹柒卷續寫，其間已歷十二年之久，天道如此，人事宜然。此端生之所以於第壹柒卷之首，開宗明義即云：「搔首呼天欲問天，問天天道可能還。」古典今情合爲一語，其才思之超越固不可及，而平日於子山之文，深有解會，即此可見。寅恪讀再生緣，自謂頗能識作者之用心，非泛引杜句，以虛詞讚美也。）至其所以未續完此書者，今日不易確言。據陳文述西泠閨詠壹伍繪影閣詠家□□詩序云：「壻不歸，此書無完全之日也。壻遇赦歸，未至家，而□□死。」陳氏所言此書之不完成，在端生自身之不願意，其説亦似有理。因端生於第壹柒卷首節述其續寫此書，由於親友之囑勸，必使完成「射柳姻緣」。其結語云：「造物不須相忌我，我正是，斷腸人恨不團圓。」則其悲恨之情可以想見，殆有壻不歸，不忍續，亦不能强續之勢也。若不然者，此書不續成之故，在端生之早死，或未死前久已病困，遂不能寫成，抑或第壹柒卷後，雖有續寫之稿，但已散佚不全，今日皆不能考知。依上文所論，端生之卒年，當在戴佩荃之死，（即在乾隆四十三年秋季。）與陳桂生請王昶作紫竹山房集序，（即在嘉慶元年。）前後兩時限之間。若范某援乾隆五十五年高宗八旬萬壽慶典恩赦獲歸，則端生續完再生緣第壹柒卷時已在乾隆四十九年甲辰冬季，至此慶典時，止有五六年之久，假使端生無續寫第壹捌卷之事，或由於病困，亦未可知。若范某援嘉慶元年内禪授受慶典恩赦獲歸，則自乾隆四十九年至此慶典時，已有十一年之久，時間頗長，更無一卷之再續，當非由於病困，可以推知也。儻使端生實已寫第壹柒卷以下之稿，而後來散佚不傳者，則其散佚當在雲南。（假定上文論端生曾隨父往雲南之説不誤。）但乾隆四十三年端生必已隨父由雲南歸浙江。今知第壹柒卷之稿既能流傳於浙江，第壹柒卷以下諸卷之稿轉又散佚，似亦不近情理。綜合諸點推論，陳文述堉不歸，不願續成之説，似甚有根據，不可因此叟平日好作狡獪，遂謂其説亦出虚構也。

茲論陳端生寫作再生緣之經過既竟，請略論再生緣之思想、結構、文詞三點於下：

（一）思想。今人所以不喜讀此書之原因頗多，其最主要者，則以此書思想陳腐，如女扮男裝、中狀元、作宰相等俗濫可厭之情事。然此類情事之描寫，固爲昔日小説彈詞之通病，其可厭自不待言，寅恪往日所以不喜讀此等書者，亦由此故也。年來讀史，於知人論事之旨稍有所得，遂取再生緣之書，與陳端生個人身世之可考見者相參會，鈎索乾隆朝史事之沈隱，玩味再生緣文詞之優美，然後恍然知再生緣實彈詞體中空前之作，而陳端生亦當日無數女性中思想最超越之人也。夫當日一般人所能取得之政治上最高地位爲宰相，社會上最高地位爲狀元，此兩事通常皆由科舉之途徑得之。而科舉則爲男性所專佔之權利。當日女子無論其才學如何卓越，均無與男性競争之機會，即應試中第，作官當國之可能。此固爲具有才學之女子心中所最不平者，而在端生個人，尤别有更不平之理由也。當清代乾隆之時，特崇奬文學，以籠絡漢族，粉飾太平，乾隆初年博學鴻詞科之考試，即是一例。（此科之發起雖在雍正時，而高宗即位後，繼續於乾隆元年二月諭，給發先期到京應試者膏火銀兩。又於臨試之期，以天氣漸寒，着在保和殿内考試。此皆足表示特重是科之意，其藉文詞科試，以籠絡漢人之用心，亦可窺見矣。）此科試題較康熙十八年博學鴻詞科特難，其得中式者，不過十五人。當時以文章知名之士，如袁簡齋之流，雖預試，而未獲選，其難可以推見也。端生之祖句山，即由此華選，望重當世。端生在幼年之時，本已敏慧，工於吟詠，自不能不特受家庭社會之薰習及反應。其父玉敦、伯父玉萬輩之才學似非卓越。（寅恪未能多見玉敦作品，自不敢確言。然丁申丁丙杭郡詩輯三輯壹拾載有玉敦輓天都汪復齋先生五古一首。觀其詩，仍是紫竹山房之派，與繪影、繪聲姊妹之作才華綿麗者，固區以别矣。）至於其弟安生、春生、桂生等，當時年尚幼稚，（耆獻類徵壹玖柒疆臣肆玖陳桂生傳止載桂生卒於道光二十年，而不言其壽至何歲。但據紫竹山房文集壹伍冢婦吴氏行略所述，玉萬納妾林氏即桂生母事，推計之，則端生於乾隆三十三年初撰再生緣時，桂生之年齡至多不過十歲上下耳。）亦未有所表見，故當日端生心目中，頗疑彼等之才性不如己身及其妹長生。然則陳氏一門之内，句山以下，女之不劣於男，情事昭然，端生處此兩兩相形之環境中，其不平之感，有非他人所能共喻者。職此之故，端生有意無意之中造成一驕傲自尊之觀念。此觀念爲他人所不能堪，在端生亦未嘗不自覺，然固不屑顧及者也。如再生緣第叁卷第玖回云：

已廢女工徒歲月，因隨母性學癡愚。芸窗紙筆知多貴，秘室詞章得久遺。不願付刊經俗眼，惟憐（寅恪案，坊間鉛印本「憐」作「將」，似更佳。）存稿見閨儀。（此節譚正璧中國女性文學史下册第柒章第肆節已論及。）

可見端生當戲寫再生緣時，他人已有不安女子本分之議論。故端生著此一節，以示其不屑顧及之意。「因隨母性學癡愚」之語，殆亦暗示不滿其母汪氏未能脱除流俗之見也。

再生緣一書之主角爲孟麗君，故孟麗君之性格，即端生平日理想所寄託，遂於不自覺中極力描繪，遂成爲己身之對鏡寫真也。

觀再生緣第拾卷第叁玖回述皇甫少華迎娶劉燕玉一節云：

皇甫家忠孝王的府第造於外廊營内，阮京兆大人的私衙却在爛麪胡同。這邊迎親的花轎轉來，正從米市胡同孟家龍圖相國的衙門前經過。

及同書第壹壹卷第肆壹回中，述劉燕玉至孟麗君之父母孟士元韓氏家，拜認爲孟韓之繼女時，士元送燕玉至廳院前，其言曰：

吖！人夫們，轎子抬穩呵！

連日晴明雪水流，泥濘一路是車溝。小心仔細休輕忽，外廊營，進口艱難我却愁。

然則皇甫少華家在外廊營，即是孟麗君終身歸宿之夫家在外廊營。據上引陳句山年譜乾隆三十五年條，知陳兆崙亦寓外廊營。端生乾隆三十三年秋間初寫再生緣時，即在外廊營宅也。端生無意中漏出此點，其以孟麗君自比，更可確定證明矣。至端生所以不將孟麗君之家，而將皇甫少華之家置於外廊營者，非僅表示其終身歸宿之微旨，亦故作狡獪，爲此顛倒陰陽之戲筆耳。又觀第壹柒卷第陸柒回中孟麗君違抗皇帝御旨，不肯代爲脱袍；第壹肆卷第伍肆回中孟麗君在皇帝之前，面斥孟士元及韓氏，以致其父母招受責辱；第壹伍卷第伍柒回中孟麗君夫之父皇甫敬欲在麗君前屈膝請行，又親爲麗君挽轎；第捌卷第叁拾回中皇甫敬撩衣向麗君跪拜；第陸卷第貳貳回、第貳叁回、第貳肆回；及第壹伍卷第伍捌回中皇甫少華（即孟麗君之夫。）向麗君跪拜諸例，（寅恪案，端生之祖兆崙於雍正十三年乙卯考取内閣中書一等一名，又於乾隆元年丙辰考取博學鴻詞科。至乾隆十七年壬申，副兵部侍郎觀保典順天武鄉試。此科解元顧麟即於是年中式會元狀元，爲武三元。可參紫竹山房文集捌順天武鄉試録後序、壹玖順天武鄉試策問，及陳句山先生年譜有關諸年等條。再生緣中述孟麗君中文狀元，任兵部尚書，考取皇甫少華爲武狀元。豈端生平日習聞其祖門下武三元之美談，遂不覺取此材料，入所撰書，以相影射歟?）則知端生心中於吾國當日奉爲金科玉律之君父夫三綱，皆欲藉此等描寫以摧破之也。端生此等自由及自尊即獨立之思想，在當日及其後百餘年間，俱足驚世駭俗，自爲一般人所非議。故續再生緣之梁德繩於第貳拾卷第捌拾回中，假皇甫敬之口斥孟麗君，謂其「習成驕傲凌夫子，目無姑舅亂胡行」，作筆生花之邱心如於其書第壹卷第壹回中，論孟麗君之失，謂其「竟將那，劬勞天性一時捐。閱當金殿辭朝際，辱父欺君太覺偏」，可爲例證也。噫！中國當日智識界之女性，大別之，可分爲三類。第一類爲專議中饋酒食之家主婆。第二類爲忙於往來酬酢之交際花。至於第三類，則爲端生心中之孟麗君，即其本身之寫照，亦即杜少陵所謂「世人皆欲殺」者。前此二類滔滔皆是，而第三類恐止端生一人或極少數人而已。抱如是之理想，生若彼之時代，其遭逢困阨，聲名湮没，又何足異哉！又何足異哉！至於神靈怪誕之説，地理歷史之誤，本爲吾國小説通病，再生緣一書，亦不能免。然自通識者觀之，此等瑕疵，或爲文人狡獪之寓言，固不可泥執；或屬學究考據之專業，更不必以此苛責閨中髫齡戲筆之小女子也。

（二）結構。綜觀吾國之文學作品，一篇之文，一首之詩，其間結構組織，出於名家之手者，則其精密，且有系統。然若爲集合多篇之文多首之詩而成之巨製，即使出自名家之手，亦不過取多數無系統或各自獨立之單篇詩文，匯爲一書耳。其中固有例外之作，如劉彦和之文心雕龍，其書或受佛教論藏之影響，以軼出本文範圍，故不置論。又如白樂天之新樂府，則拙著元白詩箋證稿新樂府章中言之已詳，亦不贅論。至於吾國小說，則其結構遠不如西洋小說之精密。在歐洲小說未經翻譯爲中文以前，凡吾國著名之小說，如水滸傳、石頭記與儒林外史等書，其結構皆甚可議。寅恪讀此類書甚少，但知有兒女英雄傳一種，殊爲例外。其書乃反紅樓夢之作，世人以其内容不甚豐富，往往輕視之。然其結構精密，頗有系統，轉勝於曹書，在歐西小說未輸入吾國以前，爲罕見之著述也。哈葛德者，其文學地位在英文中，並非高品。所著小說傳入中國後，當時桐城派古文名家林畏廬深賞其文，至比之史遷。能讀英文者，頗怪其擬於不倫。實則琴南深受古文義法之薰習，甚知結構之必要，而吾國長篇小說，則此缺點最爲顯著，歷來文學名家輕視小說，亦由於是。（桐城派名家吴摯甫序嚴譯天演論，謂文有三害，小說乃其一。文選派名家王壬秋鄙韓退之侯朝宗之文，謂其同於小說。）一日忽見哈氏小說，結構精密，遂驚嘆不已，不覺以其平日所最崇拜之司馬子長相比也。今觀再生緣爲續玉釧緣之書，而玉釧緣之文冗長支蔓殊無系統結構，與再生緣之結構精密，系統分明者，實有天淵之别。若非端生之天才卓越，何以得至此乎？總之，不支蔓有系統，在吾國作品中，如爲短篇，其作者精力尚能顧及，文字剪裁，亦可整齊。若是長篇巨製，文字逾數十百萬言，如彈詞之體者，求一敍述有重點中心，結構無夾雜駢枝等病之作，以寅恪所知，要以再生緣爲彈詞中第一部書也。端生之書若是，端生之才可知，在吾國文學史中，亦不多見。但世人往往不甚注意，故特標出之如此。韓退之云：「發潛德之幽光。」寅恪之草此文，猶退之之意也。

（三）文詞。紫竹山房文集柒才女説略云：

世之論者每云，女子不可以才名，凡有才名者，往往福薄。余獨謂不然。福本不易得，亦不易全。古來薄福之女，奚啻千萬億，而知名者，代不過數人，則正以其才之不可没故也。又況才福亦常不相妨。嫻文事，而享富貴以没世者，亦復不少，何謂不可以才名也。誠能於婦職餘閒，流覽墳素，諷習篇章，因以多識故典，大啓性靈，則於治家相夫課子，皆非無助。以視邨姑野媪惑溺於盲子彈詞，乞兒説謊，爲之啼笑者，譬如一龍一猪，豈可以同日語哉？又經解云：温柔敦厚，詩教也。由此思之，則女教莫詩爲近，才也而德即寓焉矣。

寅恪案，句山此文殊可注意，吾國昔時社會惑於「女子無才便是德」之謬説，雖士大夫之家，亦不多教女子以文字。今觀端生、長生姊妹，俱以才華文學著聞當世，則句山家教之力也。句山所謂「嫻文事，享富貴」者，長生庶幾近之。至若端生，則竟不幸如世論所謂「女子不可以才名，凡有才名者，往往福薄」。悲夫！句山雖主以詩教女子，然深鄙彈詞之體。此老迂腐之見囿於時代，可不深論。所可笑者，端生乘其回杭州之際，暗中偷撰再生緣彈詞。逮句山反京時，端生已挾其稿往登州以去。此老不久病没，遂終身不獲見此奇書矣。即使此老三數年後，猶復健在，孫女輩日侍其側者，而端生亦必不敢使其祖得知其有撰著邨姑野媼所惑溺之彈詞之事也。不意人事終變，「天道能還」，（再生緣第壹柒卷第陸伍回首節云：「問天天道可能還。」）紫竹山房詩文集若存若亡，僅束置圖書館之高閣，博雅之目録學者，或略知其名，而再生緣一書，百餘年來吟誦於閨幃繡闥之間，演唱於書灘舞臺之上。近歲以來雖稍衰歇，不如前此之流行，然若一取較其祖之詩文，顯著隱晦，實有天淵之别，斯豈句山當日作才女説痛斥彈詞之時所能料及者哉！今寅恪殊不自量，奮其譾薄，特草此文，欲使再生緣再生，句山老人泉底有知，以爲然耶？抑不以爲然耶？

再生緣之文，質言之，乃一敍事言情七言排律之長篇巨製也。關於天竺希臘及西洋之長篇史詩，與吾國文學比較之問題，以非本文範圍，兹不置論。僅略論吾國詩中之排律，以供讀再生緣者之參考。

元氏長慶集伍陸唐故工部員外郎杜君墓係銘並序略云：

山東人李白亦以奇文取稱，時人謂之李杜。予觀其壯浪縱恣，擺去拘束，模寫物象，及樂府歌詩，誠亦差肩於子美矣。至若鋪陳終始，排比聲韻，大或千言，次猶數百，詞氣豪邁，而風調清深，屬對律切，而脱棄凡近，則李尚不能歷其藩翰，況堂奥乎？

姚鼐今體詩鈔序目略云：

杜公今體四十字中包涵萬象，不可謂少。數十韻百韻中運掉變化如龍蛇，穿貫往復如一線，不覺其多。讀五言至此，始無餘憾。余往昔見（錢）蒙叟箋，於其長律，轉折意緒都不能了，頗多謬説，故詳爲全釋之。

同書五言陸杜子美下注略云：

杜公長律有千門萬户開闔陰陽之意。元微之論李杜優劣，專主此體。見雖少偏，然不爲無識。自來學杜公者，他體猶能近似，長律則愈邈矣。（元）遺山（論詩絶句）云：「（排比鋪張特一途，文章如此亦區區。）少陵自有連城璧，争奈微之識碔砆。」有長律如此，而目爲碔砆，此成何論耶？杜公長律旁見側出，無所不包，而首尾一線，尋其脈絡，轉得清明。他人指成褊隘，而意緒或反不逮其整晰。

寅恪案，微之惜抱之論精矣，茲不必再加引申，以論杜詩。然觀吾國佛經翻譯，其偈頌在六朝時，大抵用五言之體，唐以後則多改用七言。蓋吾國語言文字逐漸由短簡而趨於長煩，宗教宣傳，自以符合當時情狀爲便，此不待詳論者也。職是之故，白香山於作秦中吟外，更别作新樂府。秦中吟之體乃五言古詩，而新樂府則改用七言，且間以三言，蘄求適應於當時民間歌詠，其用心可以推見也。（可參拙著元白詩箋證稿新樂府章。）彈詞之文體即是七言排律，而間以三言之長篇巨製。故微之惜抱論少陵五言排律者，亦可以取之以論彈詞之文。又白香山之樂府及後來摹擬香山，如吴梅村諸人之七言長篇，亦可適用微之惜抱之説也。彈詞之作品頗多，鄙意再生緣之文最佳，微之所謂「鋪陳終始，排比聲韻」，「屬對律切」，實足當之無愧，而文詞累數十百萬言，則較「大或千言，次猶數百」者，更不可同年而語矣。世人往往震矜於天竺希臘及西洋史詩之名，而不知吾國亦有此體。外國史詩中宗教哲學之思想，其精深博大，雖遠勝於吾國彈詞之所言，然止就文體立論，實未有差異。彈詞之書，其文詞之卑劣者，固不足論。若其佳者，如再生緣之文，則在吾國自是長篇七言排律之佳詩。在外國亦與諸長篇史詩，至少同一文體。寅恪四十年前常讀希臘梵文諸史詩原文，頗怪其文體與彈詞不異。然當時尚不免拘於俗見，復未能取再生緣之書，以供參證，故噤不敢發。荏苒數十年，遲至暮齒，始爲之一吐，亦不顧當世及後來通人之訕笑也。

抑更有可論者，中國之文學與其他世界諸國之文學，不同之處甚多，其最特異之點，則爲駢詞儷語與音韻平仄之配合。就吾國數千年文學史言之，駢儷之文以六朝及趙宋一代爲最佳。其原因固甚不易推論，然有一點可以確言，即對偶之文，往往隔爲兩截，中間思想脈絡不能貫通。若爲長篇，或非長篇，而一篇之中事理複雜者，其缺點最易顯著，駢文之不及散文，最大原因即在於是。吾國昔日善屬文者，常思用古文之法，作駢儷之文。但此種理想能具體實行者，端繫乎其人之思想靈活，不爲對偶韻律所束縛。六朝及天水一代思想最爲自由，故文章亦臻上乘，其駢儷之文遂亦無敵於數千年之間矣。若就六朝長篇駢儷之文言之，當以庾子山哀江南賦爲第一。若就趙宋四六之文言之，當以汪彦章代皇太后告天下手書（浮溪集壹叁）爲第一。此文篇幅雖不甚長，但内容包涵事理既多，而文氣仍極通貫。又此文之發言者，乃先朝被廢之皇后。以失去政權資格之人，而欲建立繼承大統之君主，本非合法，不易立言。但當日女真入汴，既悉數俘虜趙姓君主后妃宗室北去，舍此僅遺之廢后外，别無他人，可藉以發言，建立繼統之君，維繫人心，抵禦外侮。情事如此，措詞極難，而彦章文中「雖舉族有北轅之釁，而敷天同左袒之心」兩句即足以盡情達旨。至於「漢家之厄十世，宜光武之中興。獻公之子九人，惟重耳之尚在」。古典今事比擬適切，固是佳句。然亦以語意較顯，所以特爲當時及後世所傳誦。職是之故，此文可認爲宋四六體中之冠也。庾汪兩文之詞藻固甚優美，其不可及之處，實在家國興亡哀痛之情感，於一篇之中，能融化貫徹，而其所以能運用此情感，融化貫通無所阻滯者，又繫乎思想之自由靈活。故此等之文，必思想自由靈活之人始得爲之。非通常工於駢四儷六，而思想不離於方罫之間者，便能操筆成篇也。今觀陳端生再生緣第壹柒卷中自序之文，（上文已引。）與再生緣續者梁楚生第貳拾卷中自述之文，兩者之高下優劣立見。其所以致此者，鄙意以爲楚生之記誦廣博，雖或勝於端生，而端生之思想自由，則遠過於楚生。撰述長篇之排律駢體，内容繁複，如彈詞之體者，苟無靈活自由之思想，以運用貫通於其間，則千言萬語，盡成堆砌之死句，即有真實情感，亦墮世俗之見矣。不獨梁氏如是，其他如邱心如輩，亦莫不如是。再生緣一書，在彈詞體中，所以獨勝者，實由於端生之自由活潑思想，能運用其對偶韻律之詞語，有以致之也。故無自由之思想，則無優美之文學，舉此一例，可概其餘。此易見之真理，世人竟不知之，可謂愚不可及矣。

端生再生緣之文如此，則平日之詩文亦非凡俗，可以推見。惜其所著繪影閣集，無一字遺傳。袁簡齋在乾隆時，爲最喜標榜閨閣詩詞之人，而其所編著之隨園詩話、隨園女弟子詩及同人集等書，雖載陳句山、陳長生之詩，而絶不及端生一字，豈出於長生之不願，抑或簡齋之不敢，今不能確言。頗疑再生緣中，其對句之佳者，如第壹柒卷首節中「隔牆紅杏飛晴雪，映榻高槐覆晚烟」，「午繡倦來還整線，春茶試罷更添泉」之類，即取繪影閣集中早年詩句足成。若此推論不誤，則是繪影閣集尚存一二於天壤間，亦可謂不幸中之幸也。至於繪影閣之取名，自與「繪影繪聲」之成語有關，而長生之集名繪聲閣，即從其姊之集名而來，固不待論。然「繪影」一詞，或與其撰著彈詞小説，描寫人物，「惟妙惟肖」之意有關。又或端生自身亦工繪畫，觀其於再生緣第叁卷第拾回中，描寫孟麗君自畫其像一節，生動詳盡，乃所以反映己身者耶？（可參再生緣第壹陸卷第陸叁回太后命孟麗君畫送子觀音一節。）前引長生寄外詩云「年來心事託冰紈」，又有織素圖及桂馨圖（可參吴昌綬松鄰遺集陸題桂馨圖後及徐世昌晚晴簃詩匯壹捌伍陳長生詩選附詩話。）等之記載流傳，則長生之工畫，由於葉紹楏之漸染，或受其姊之影響，俱不可知，姑記於此，更俟詳考。

論陳端生事蹟之可考見者及其撰著再生緣本末，並略論其思想結構文詞既竟，兹請論再生緣續撰者梁德繩之事蹟及其所撰之續本於下：

梁德繩爲梁詩正之孫女，梁敦書之女，許宗彦之室。其生平事蹟詳見阮元所著梁恭人傳。（見古春軒詩鈔首及閔爾昌編碑傳集補伍玖列女壹。）其所著古春軒詩鈔上下兩卷及卷後所附詞亦皆流傳。（參徐乃昌小檀欒室彙刻閨秀詞第壹集第柒種梁德繩古春軒詞，又潘衍桐兩浙輶軒續録伍叁並徐世昌晚晴簃詩匯壹捌陸所選梁德繩詩。）今此文關於德繩之事蹟及著述均不多所旁涉，止專論其續撰再生緣一事。但德繩之性格及其家庭環境、夫婦關係等與端生頗異，此文遂亦不得不於此三事略加討論，以其有關再生緣原本及續本之特點故也。

今再生緣共二十卷，其第壹捌卷至第貳拾卷爲續前十七卷之作，此續者於第壹捌卷首即已自言之矣。但續者爲何人及何時所續，則有考論之必要。陳文述西泠閨詠壹伍（前文已引，但因論辨之便利，節録之於此。）略云：

□□撰再生緣南詞，託名女子酈明堂，男裝應試及第，爲宰相，與夫同朝，而不合併，以寄別鳳離鸞之感。曰，壻不歸，此書無完全之日也。壻遇赦歸，未至家，而□□死。許周生、梁楚生夫婦爲足成之，稱完璧焉。

據陳氏所言，再生緣中酈明堂與夫同朝，而不合併，乃端生所以寄其「別鳳離鸞之感」者。殊不知端生撰成再生緣第壹陸卷時，尚未適范氏。今觀此卷所述孟麗君、皇甫少華亦已「同朝而不合併」，則端生必無預知其夫壻有戍邊之事，何從在十年之前即寄其後日「別鳳離鸞之感」耶？此大不可通者也。又據續再生緣者，於第貳拾卷末節（前文已詳引，兹節錄之。）略云：

我亦緣慳甘茹苦，悠悠卅載悟前緣。有感再生緣作者，半途而廢了生前。偶然涉筆閒消遣，巧續人間未了緣。

則是續者明言在其夫已死之後，有感於陳端生「別鳳離鸞」之遭遇，而續再生緣也。文述既言續再生緣者，爲許周生與梁楚生夫婦二人，則楚生何得於周生未死之前，預有此感？周生豈亦於其未死之前，早爲其妻作寄感之預備，而相與共續此書耶？此又大不可通者也。然則文述之言全不可信乎？是又不然。蓋文述之言，乃依據其媳汪端傳述而來，端爲楚生姊之女，又少養於楚生家，（古春軒詩鈔上有五古一篇，題爲「小韞甥女于歸吳門，以其愛詩，爲吟五百八十字送之，即書明湖飲餞圖後」，可以參證。此詩疑是嘉慶十七年楚生寓杭州時所作。）

所傳必非虛妄，不過文述自身實未嘗詳察再生緣全書内容，故有上述兩種錯誤，即：（一）誤以爲端生作書之緣起，實由於其壻范某之遣戍。（二）周生、楚生夫婦共續此書。至於此書之原作者爲端生，續之者爲楚生，則殊不誤。不但不誤，吾人今日得知再生緣之原作者及續作者姓名，舍文述一人之著述外，尚未見其他記載一及斯事。觀於此點，文述實有大功，不可湮没者也。

楚生續再生緣之年代，及此書之初刻在何年，兩點頗成問題。兹略論之於下。

今刻本再生緣首載有序文略云：

再生緣傳鈔數十載，尚無鐫本。因惜作者苦思，删繁撮要。

道光元年季秋上浣日書。　　香葉閣主人稿

寅恪案，香葉閣主人乃侯芝之别號，（參譚正璧中國女性文學史第柒章第伍節。）其事蹟及著述兹不詳考，惟此序實有兩點可疑。（一）依序所言，則今刻本已經侯芝所删節。但今所見再生緣之刻本，其中脱誤顛倒之處頗多，當是由於抄寫不慎所致。若侯香葉果有删削之事，恐不至前後文句不相連貫一至於此。然則依據今本實不能確證此書曾經删削一過也。（二）此序中所言之再生緣，雖未明言爲十七卷，抑或二十卷，但依其文氣言之，則似爲二十卷本之全書。否則序中必論及此點，斯可以默證推知者。若果爲二十卷本之全書，則序文所署之年月爲不可通。據陳壽祺左海文集壹拾許君（宗彦）墓誌銘略云：

（嘉慶）二十三年十二月廿二日卒。其生以乾隆三十三年正月初一日子時，春秋五十有一。夫人梁氏，内閣大學士諱詩正謚文莊公孫女、工部侍郎諱敦書女。

梁德繩古春軒詩鈔首載阮元撰梁恭人傳（參閔爾昌碑傳集補伍玖。）略云：

恭人姓梁氏，名德繩，號楚生。兵部車駕司主事德清周生許君宗彦配也。駕部年十九，與予同舉（乾隆五十一年）丙午科鄉試。（嘉慶四年）己未科會試，駕部甫成進士。既分部視事，甫三月，以親老乞歸，不復仕。家事悉弗問，皆恭人主之。以故駕部益得覃研經史疑義，兼精於天文算法。杜門却掃，優游林泉者，凡二十載。歲戊寅（嘉慶二十三年。）駕部又不禄。（子）延穀旋寓書於予，乞爲（恭人）傳。恭人生於乾隆辛卯年（三十六年。）十月初五日卯時，卒於道光丁未年（二十七年。）三月初八日子時，年七十有七。距駕部下世已三十載矣。女三，長殤，次適海陽孫氏，三即余五（寅恪案，許宗彦鑑止水齋集首載阮元撰浙儒許君積卿傳云：「女子子三，延錦適元之子福。」則「五」字疑是「之」字之誤。）子婦。

然則嘉慶二十三年周生死時，其年爲五十一，而此年楚生爲四十八歲也。

據再生緣第貳拾卷第柒柒回首節中，楚生自述其續此書之動機云：

> 嗟我年近將花甲，二十年來未抱孫。藉此解頤圖吉兆，虛文紙上亦歡欣。

是楚生續此書時，其年將近六十歲，以如是年老婦人望孫之俗見，而續再生緣，宜其所續者，不能比美於端生之原書也。若道光元年香葉閣主人作序時，則楚生僅五十一歲，斷不可言「年近將花甲」。故香葉閣主人序中「道光元年」之「元」字如非「九」字之譌，則必是書賈僞託。今未見再生緣最初最佳之本，不敢確言。陳文述西泠閨詠自序題「道光丁亥」，即道光七年。此年楚生五十七，「年近將花甲」之語似尚可通。至於楚生於再生緣第貳拾卷第捌拾回末節，感傷陳端生之遭遇，因自述其與周生之關係云：

> 我亦緣慳甘茹苦，悠悠卅載悟前緣。

蓋謂己身與周生有三十年夫婦姻緣之分。據上引玉釧緣第叁壹卷末載「謝玉輝在大元年間，又幹一番事業，與（鄭）如昭（陳）芳素做了三十年恩愛夫妻，才歸仙位」，楚生殆有感於「三十年」夫妻之語，深惜端生無「三十年」之緣，己身雖有「三十年」之緣，而周生又未能如謝玉輝之「幹了一番事業」，所以表示其感傷之意也。至阮伯元作楚生傳，謂楚生之卒距其夫之卒爲三十年，即寡居三十年之意。與楚生「悠悠卅載悟前緣」之語無涉。否則楚生續再生緣時，其年必已七十餘歲，而文述不得在道光七年，即楚生五十七歲時，預知楚生之續再生緣也。「卅載悟前緣」之語，易滋誤解，因並附辨之如此。

楚生嘗於再生緣第貳拾卷第捌拾回內，借皇甫敬之言斥孟麗君之驕傲，即所以暗示不以陳端生爲然之意，前文已論之矣。今再節録此回中皇甫敬批評蘇映雪及劉燕玉之語，以見楚生之性格及其理想如下。

皇甫敬評蘇映雪云：

太王爺，（指皇甫敬。）又云梁氏東宮媳，他是天真爛漫人。毫無半點來裝飾，賢良温厚性和平。

此蓋楚生心中以蘇映雪自比，楚生爲人諒亦「賢良温厚性和平」，與端生之性格驕傲激烈者，適成對比也。此點恐非盡由於天生之性質所致，當亦因所處家庭環境不同使然。德清梁氏爲當時浙江最有名之家族。儒林外史所言之婁公子家，或即指梁氏。楚生家及周生家，與端生家，雖皆以文學科第顯著，但梁許兩家經濟狀況，則與陳句山家之清貧者不同。觀王昶春融堂叁捌陳句山先生紫竹山房詩文集序中：

入其家，衡門兩版，凝塵滿席，不知爲列卿之尊，與京兆之雄駿也。

之語，即可推知端生未嫁時家庭之清貧。即適范某之後，假定范某即范璨之子范菼，則據陸燿撰范公璨神道碑云，「潔清之操，晚節彌勵，菜羹疏食，不異貧寒」，（見上引陸燿切問齋集拾。）似其大家經濟當亦不寬裕。否則其夫不致以圖利嫌疑之故，坐科場代倩作弊獲罪也。又楚生父之昆弟輩如同書，己身昆弟輩如玉繩，皆以學問藝術知名當世。周生亦年十九已中式鄉試，且爲貴公子，（周生父祖京仕至廣東布政使，見鑑止水齋集首所附蔡之定撰許君周生家傳。）而兼名士。其親家復是清代第一達官而兼名儒之阮芸臺。故端生楚生兩人，雖俱出自浙江名門，又有通家之誼，（可參紫竹山房詩文集首所附陳句山先生年譜乾隆二十五年庚寅下，梁侍講同書來朝慶（萬壽）節條及詩集壹貳述夢紀事詩「埋石得周梁，自誌求其書」句下自注云，「少司馬周煌，侍講梁同書」，又梁玉繩清白士集貳陸送陳句山太僕還朝及輓陳太僕詩等。）而家庭環境頗不相同。兩人性格之驕激謙和，實受環境影響，無可致疑也。

皇甫敬評劉燕玉云：

回頭連喚西宮媳，莫須憂慮不懷妊。你爲人，玲瓏幸喜多忠厚，略有三分徒（寅恪案，「徒」疑當作「妬」。）忌心。這點小疵磨琢去，何愁日後少收成。

可知楚生心中以爲不妬忌，始能生子，此亦所以自比並兼以屬望於其子婦者也。據陳壽祺左海文集壹拾許君（宗彦）墓誌銘略云：

夫人梁氏，生子延敬、延穀。簉吴氏，先卒，生子兆奎、延宷、延澤。陳氏，生子延凱。女三，梁夫人出者二。長適原任監察御史孫球子承勳，次適現任兩廣總督阮元子福。簉崔氏生女一，字現任翰林院侍讀學士胡敬子琮。

是周生至少有二妾，且均生子女。楚生亦生子女數人也。周生之妾既有多人，似足證楚生之不妬。楚生己身又生數子，此事在楚生心中，乃其不妬之善果，遂藉續再生緣之書，以寓其責望子婦之意，並一發其「二十年來未抱孫」之牢騷也。雖然，今觀古春軒詞蒼梧謠序云：

周生意有所惑，作此戲之。

則楚生於此猶未能忘懷。不妬之古訓，固爲習聞詩禮之教如楚生者，深所服膺，平日以此自負，且以教人。但臨事觸發，不覺流露。可見其爲勉强抑制，非出自然，又何必以此責難於劉燕玉比之子婦耶？

夫爲男子者，可畜多妾，而婦人則不應妬忌，此男尊女卑，吾國傳統夫爲妻綱之教條也。楚生乃此教條下之信徒，既行之於身，復出之於口，更筆之於書矣。至若端生，其作再生緣時，雖尚未適人，但關於夫爲妻綱之説，既力加排斥，上文已略論及，兹不復贅。所可笑者，楚生以蘇映雪性情柔順，爲最合理想之婦女。孟麗君適與相反，固所不取。殊不知在端生書中，孟麗君初期本爲蘇映雪即梁素華之夫，蓋取梁鴻、孟光夫婦之姓，反轉互易，而梁素華及皇甫少華兩人名中「素」「少」二字音又相近。此雖爲才女顛倒陰陽之戲筆，然可見其不服膺男尊女卑，夫爲妻綱之古訓，楚生乃嘖嘖稱賞蘇映雪不置，恐端生地下有靈，亦當不覺失笑也。

又觀楚生與周生往來酬唱之作，誠可以比美梁孟矣。但一檢周生鑑止水齋集貳所載答内詩，後附楚生寄外詩，楚生之詩，文句煩多，情感深摯，而周生答以寥寥五十四字之短篇云：

遠離且莫悲，遠歸亦勿喜。暫離復見偶然爾。世事紛紛那免此。勸君勿墮迷雲裏。不見天闕與織女。隔以銀河一萬八千里。脈脈相看不得語。

又同書同卷所載望夫岡七古結語云：

誰能無事輕離别，倦倚孤篷亦嬾看。

則周生與楚生之情感，已可推見。然於服膺男尊女卑，夫爲妻綱之説者，固亦無可如何，而安之若命矣。

至於端生之壻范某，假定即是范璨之子，雖爲貴公子，然家境清寒，亦等於一窮書生，與許周生不同，當無廣畜姬妾之能力，端生一生中諒亦無楚生此種環境及不快之情感。假使范某而爲周生所爲者，則端生亦將表現其本來面目，如孟麗君也。觀再生緣第壹伍卷第伍捌回云：

忠孝王（指皇甫少華。）背靠床欄笑幾聲。

咳！果然如此，也是孟府的家風了。

岳母大人手段凶，自然他，所生之女亦相同。麗君若是同其母，少華也，只好低頭效岳翁。懽內名兒逃不去，能得個，重偕伉儷靠天公。

可爲例證。然則端生之意，不僅欲己身如孟麗君，亦欲其母汪氏如韓氏。竟使陳句山之家風，復如孟府之以懽內著聞。此爲端生大膽之筆，而楚生掩耳所不敢聞者。合兩種性格絶殊之女作家，完成一書，取相比較，既可觀，抑可笑矣。

依據甚不完全之材料，考證陳端生之事蹟及著作，並略論梁德繩之有關於再生緣諸點既竟，請述寅恪讀此書之别感如下。

有清一代，乾隆朝最稱承平之世。然陳端生以絶代才華之女子，竟憔悴憂傷而死，身名湮没，百餘年後，其事蹟幾不可考見。江都汪中者，有清中葉極負盛名之文士，而又與端生生值同時者也，（汪中生於乾隆九年，卒於乾隆五十九年。）作弔馬守真文，以寓自傷之意，謂「榮期二樂，幸而爲男」。（見述學别録。）今觀端生之遭遇，容甫之言其在當日，信有徵矣。然寅恪所感者，則爲端生於再生緣第壹柒卷第陸伍回中，「豈是蚤爲今日讖」一語。二十餘年前，九一八事變起，寅恪時寓燕郊清華園，曾和陶然亭壁間清光緒時女子所題詠丁香花絶句云：

故國遥山入夢清，江關客感到江亭。（沈乙厂先生海日樓集陶然亭詩云：「江亭不關江，偏感江關客。」）不須更寫丁香句，轉怕流鶯隔世聽。

鍾阜徒聞蔣骨青，（蔣子文「骨青」事出干寶搜神記。今通行本干書「青」字多誤寫，不足據也。）也無人對泣新亭。南朝舊史皆平話，説與趙家莊裏聽。

詩成數年後，果有蘆溝橋之變。流轉西南，致喪兩目，此數年間，亦頗作詩，以誌一時之感觸。茲録三首於下：

蒙自南湖作

景物居然似舊京，荷花海子憶昇平。橋頭鬢影還明滅，樓外笙歌雜醉醒。南渡自應思往事，北歸端恐待來生。（寅恪案，十六年前作此詩，句中竟有端生之名，「豈是蚕爲今日讖」耶？噫！）黄河難塞黄金盡，日暮人間幾萬程。

昆明翠湖書所見

照影橋邊駐小車，新妝依約想京華。短圍貂褶稱腰細，密卷螺雲映額斜。赤縣塵昏人換世，翠湖春好燕移家。昆明殘劫灰飛盡，聊與胡僧話落花。

詠成都華西壩

淺草方場廣陌通，小渠高柳思無窮。雷車乍過浮香霧，電笑微聞送遠風。酒醉不妨胡舞亂，花羞翻訝漢妝紅。誰知萬國同歡地，却在山河破碎中。

自是求醫萬里，乞食多門。務觀趙莊之語，竟「蚕爲今日讖」矣。求醫英倫時作二詩，録之於下：

乙酉冬夜臥病英倫醫院，聽人讀熊式一君著英文小說名「天橋」者，中述光緒戊戌李提摩太上書事。憶壬寅春隨先兄師曾等東游日本，遇李教士於上海。教士作華語曰：「君等世家子弟，能東游，甚善。」故詩中及之，非敢以烏衣故事自況也。

沈沈夜漏絶塵譁，聽讀佉盧百感加。故國華胥猶記夢，舊時王謝早無家。文章瀛海娱哀病，消息神州競鼓笳。萬里乾坤迷去住，詞人終古泣天涯。

丙戌春以治目疾無效，將離倫敦返國，暫居江寧，感賦。

金粉南朝是舊游，徐妃半面足風流。蒼天已死三千歲，青骨成神二十秋。去國欲枯雙目淚，浮家虛説五湖舟。英倫燈火高樓夜，傷別傷春更白頭。

又所至感者，則衰病流離，撰文授學，身雖同於趙莊負鼓之盲翁，事則等於廣州彈絃之瞽女。榮啓期之樂未解其何樂，汪容甫之幸亦不知其何幸也。偶聽讀再生緣，深感陳端生之身世，因草此文，並賦兩詩，附於篇末，後之覽者儻亦有感於斯歟？

癸巳秋夜，聽讀清乾隆時錢唐才女陳端生所著再生緣第壹柒卷第陸伍回中「惟是此書知者久，浙江一省偏相傳。髫年戲筆殊堪笑，反勝那，淪落文章不值錢」之語，及陳文述西泠閨詠第壹伍卷繪影閣詠家□□詩「從古才人易淪謫，悔教夫壻覓封侯」之句，感賦二律。

地變天荒總未知，獨聽鳳紙寫相思。高樓秋夜燈前淚，異代春閨夢裏詞。絶世才華偏命薄，戍邊離恨更歸遲。文章我自甘淪落，不覓封侯但覓詩。一卷悲吟墨尚新，當時恩怨久成塵。上清自昔傷淪謫，下里何人喻苦辛。彤管聲名終寂寂，青丘金鼓又振振。（再生緣間敍争戰事。）論詩我亦彈詞體，（寅恪昔年撰王觀堂先生挽詞，述清代光宣以來事，論者比之於七字唱也。）悵望千秋淚濕巾。

## 論再生緣校補記

寅恪初疑陳雲貞即陳端生，後來知其不然者，雖無積極之確據，但具强有力之反證。因陳文述嘉慶初年在北京題贈陳長生四律，其於端生、慶生、長生姊妹三人之身世遭遇，皆能詳悉言之，真所謂「如數家珍」。至道光時作西泠閨詠詠陳端生詩，雖詩序中謂「壻遇赦歸，未至家，而□□死」，今據長生繪聲閣續稿「哭春田大姊」七律二首之二「可堪寶鏡重圓日，已是瑶釵欲折時」一聯，則雲伯所言，由於傳聞稍誤，自應訂正。但此點所關甚小，不足爲意。唯雲伯止言范菼「以科場事，爲人牽累謫戍」，而絶口不提及雲貞寄外之書及詩以作材料，可知其始終不承認雲貞與端生爲一人也。

夫一百五十餘年前同時同族之人，既堅決不認雲貞、端生爲一人，而今日反欲效方密之之「合二而一」，亦太奇矣！况焦循「雲貞行」謂其夫乃一「郎本武健兒」及「一發斃雙狼」之武人，與端生再生緣中自述其夫之語，如「更欣夫壻是儒冠。挑燈伴讀茶聲沸，刻燭催詩笑語聯」者，全無相似之處。至於里堂之「雲貞行」及雲伯之「雲貞曲」中俱有「郎戍伊犂城，妾住仙游縣」之句，蓋由二人同用一材料，自然符會，不必出於抄襲。兹舉最近之例言之。抗日戰爭之際，陳垣先生留居京師，主講輔仁大學。寅恪則旅寄昆明，任教西南聯合大學。各撰論文，考楊妃入道年月。是時烽火連天，互不通問，然其結論則不謀而合，實以同用一材料，應有同一之結論，吾兩人俱無抄襲之嫌疑也。若夫雲貞寄外書及詩，頗與再生緣類似，論者遂取此爲「合二而一」之證。殊不知同一時代之作品，受環境影響，其格調本易相近。且再生緣一書，當日已甚流行，好事之人故作狡獪，僞造新骨董，自極可能。至蓮姐之詩，尤爲僞中之僞。蓋無聊文士，更欲使紅娘、春香、襲人、晴雯之流，變作鄭康成之詩婢，錢受之之柳如是，許公實之王修微，茅止生之楊宛叔，薛文起之香菱，以達其最高享受之理想。此真所謂遊戲文章，斷不可視爲史鑑實録也。

又沈敦三垚落帆樓文集玖外集叁簡札摭存中「與許海樵旦復」三十二通之十三云：

今春將甲午年積負一清，私心竊自喜，以爲今後可歸見江東故人。不意山妻復有納妾之舉，致再積百餘金之債。此事孟浪已極，接信之後，不勝大駭。垚之親戚目不覩史策，不知人情物理，以蕩子不歸擬垚，既視垚太淺，欲以區區村婢縻垚，而不知縻之適所以緩之。

同書卷首附汪剛木曰楨「沈子惇著述總録」略云：

沈垚字敦三，號子惇。浙江湖州府烏程縣人。府學廩生。道光（十四年）甲午優貢生。子惇生於嘉慶（三年）戊午，卒於道光（二十年）庚子。四十三歲。

寅恪案，子惇爲嘉道間人。其妻金氏，以夫久不歸家，特買一婢，預作將來之妾侍。吾人今日觀之，雖覺可憐可笑。但就此一端，足見當時浙江不得志文人，家庭風氣之一斑。粧樓摘豔編選者會稽錢三錫，亦是子惇及其妻金氏之同時人。僞作之雲貞寄外書及蓮姐寄外詩，皆受當時此社會階層之習俗影響所致，殊不足怪也。

今檢沈畏齋樹德慈壽堂文鈔伍范太學傳略云：

君姓范氏，諱葵，字惇哉。國學生。秀水少司空仲子也。少穎悟，能屬文，出語傑特。司空公奇愛之。君天性孝友，伯兄（卒），君痛伯無子，以長子嗣之。乾隆（八年）癸亥春，公開府河北，招余。余乃得與君交。君於詩文，每刻苦不作猶人語。越來春（指九年甲子。）將赴秋闈，乃偕余治舉子業。秋試，同赴武林。明春（指十年乙丑。）余幸計偕入都，君奉太夫人後至。公入補府憲，仍館余於邸。及君至，而余應桐城相國（張廷玉）招以去。洎公遷工部，余出賀公。是時君方得脾疾。余在（澄懷）園得訃，不禁悲

哭失聲。君生於康熙辛卯年（五十年）某月日，卒於乾隆乙丑年（十年）五月十五日，

存年三十五歲。配趙氏，子男三，培、堦、臺。培嗣伯氏。

光緒修歸安縣志叁貳選舉門貢生欄乾隆六年辛酉條載：

沈樹德。拔貢。字申培。是科副榜。甲子舉人。

寅恪案，取沈氏此傳，與陸燿撰范璨神道碑相比較，令人如墮五里霧中，疑竇百端。兹先舉其可疑之點，後作假定之解釋。陸氏爲范璨之姻親，又爲同里後學。沈氏亦范璨同里，又曾爲其幕客，與葵交好。兩氏之文，何以互異如是？此可疑者一也。陸氏文云：「孫三人，墀、城、塏。墀又姻也。」沈氏文云：「子男三，培、堦、臺。培嗣伯氏。」璨孫三人，雖兩文皆從土旁，但何以盡不相同？其改名之由，究因何故？即令前後有所改易，亦不致三人全改。且「培」與「城」，「堦」與「墀」，「臺」與「塏」，意義近似，實無更改之必要。又陸文「墀」爲長，沈文「培」爲長。嗣伯氏。「墀」與「堦」同義，應作「堦」爲長。夫長子通例不出繼，何以長子出繼儀薰。且墀既爲陸燿之壻，又爲請陸氏作其祖神道碑之人，故陸文所列三人次序，必無差誤。沈文列培爲三人之首，此可疑者二也。陸文云：「子二人，儀薰，國子監生。葵，貢生。」而沈文題作「范太學」。陸文既稱葵爲貢生，則葵死時之資格爲優貢或拔貢無疑。國子監生又無追贈貢生之理。沈氏爲葵作傳，不稱「文學」而稱「太學」。此可

疑者三也。茲試作解釋如下：

（一）以通常事理言之，陸、沈兩文作成之先後，雖頗難考知，但欲解脱范璨與科場案之范菼有關，則同一用心。既欲解脱與科場案之關係，止言菼先璨死，尚嫌不足。故必須别有一人爲菼作一詳悉之傳，以證明其非犯罪之范菼。此沈文中菼之生卒年月及享年之數，自不可信。端生適范菼時，年二十三。菼年當已四十餘矣。故寅恪疑端生爲繼室。沈文言「配趙氏」，當爲菼之元配。培、堦當爲趙氏所出。臺即端生子蓉洲歟？再生緣中端生自言「强撫雙兒志自堅」，恐是指趙氏之次子及己身之子言，而趙氏所生，出繼伯氏之子及己身之女不計在内也。至沈文謂菼卒於乾隆十年者，恐因欲洗刷菼曾居樂志堂之痕跡，遂改其卒年爲乾隆十年，即樂志堂尚未建築之時。蓋其後有關樂志堂之記載，如范來庚南潯志樂志堂條及下引董襄於嘉慶七年所作之詩等，可免與惇哉有所關涉也。

（二）菼子三人改名之由，雖不能確言，恐因科舉制度，改名可免發生枝節問題耶？其以長子出繼伯氏，或者亦與科舉有關，並可藉此爲陸燿開脱與菼之關係也。至三人名次之異，當爲沈氏誤記耳。

（三）據乾隆四十五年刑部題本陳七供詞中，菼爲「宛平縣監生」，故沈文據此稱之爲「太學」。頗疑端生之夫范菼，在浙江已取得貢生資格，故陸文稱之爲貢生。但因應順天鄉試，遂入宛平縣籍，納粟爲國子監生。陸、沈二氏撰文互有差異，遂遺此漏隙也。又沈文盛稱范菼之穎悟，擅長詩文。此與端生述其夫「刻燭催詩笑語聯」之言符合，益可證下論陳七供詞中范菼倩人作詩文之說爲誣枉矣。

復次，周慶雲纂南潯志玖宅第門壹「樂志堂」條，後附董襄「人日集范野苹樂志堂，即席次令兄澹人原韻」，（題下自注「壬戌」。）其「酒壘分兄弟」句下原注云：

座上惟范氏昆仲及余兄弟三人。

同書貳柒選舉門舉人欄載：

乾隆四十八年癸卯。董一經。字寶傳。號韋莊。一號韋齋。嵊縣訓導。

嘉慶六年辛酉。董應椿。一經子。字冠英。號雲帆。

嘉慶十二年丁卯。董襄。一經子。應椿弟。宛平籍。順天中式。字念喬。號茗庵。

同書貳伍列女門貳「張氏」條云：

舉人董襄妾。道光（三年）癸未襄卒。

寅恪案，樂志堂條最可注意者，爲詩題下自注之「壬戌」二字。檢乾隆七年歲次壬戌，嘉慶七年亦歲次壬戌。董詩題下之壬戌，必非乾隆七年，而是嘉慶七年。蓋乾隆七年尚無樂志堂故也。既是嘉慶七年，則此樂志堂主人野苹，果爲何人？但其人既姓范，「野苹」之稱，自是出於詩經小雅鹿鳴篇「食野之苹」句。「野苹」二字，與其人本名之關係，頗難揣測。或是范璨之孫，即陸燿之壻范塀。但塀爲長孫，必無「澹人」之親兄，是亦不可能也。若非塀者，則「城」「塏」二字，不能與「野苹」相關聯，則其人舍范菼莫屬。嘉慶七年壬戌，菼當尚在人間也。

又據毛詩正義叄之貳碩人篇「葭菼揭揭」句略云：

葭蘆菼薍。釋草文。李巡曰，分別葦類之異名。郭璞曰，蘆，葦也。薍似葦而小。大車傳曰，菼，騅也。蘆之初生也。則毛意以葭菼爲一草也。陸機（璣）云，薍或謂之荻。至秋堅成，則謂之萑。其初生三月中，其心挺出，其下本大如箸，上鋭而細。揚州人謂之馬尾。以今語驗之，則蘆薍別草也。

同書肆之壹大車篇「毳衣如菼」句云：

郭璞曰，菼草色如騅，在青白之間。

同書捌之壹七月篇「八月萑葦」句云：

（萑葦）二草。初生者爲菼，長大爲薍，成則名爲萑。初生爲葭，長大爲蘆，成則名爲葦。小大之異名，故云，薍爲萑，葭爲葦。此對文耳，散則通矣。

同書玖之貳鹿鳴篇「食野之苹」句云：

箋：苹，藾蕭。正義曰，釋草文。郭璞曰，今藾蒿也。初生亦可食。陸機（璣）疏云，葉青白色，莖似箸而輕脆。始生香，可生食，又可蒸食，是也。易傳者，爾雅云，苹，蓱，其大者爲蘋，是水中之草。召南采蘋云，于以采蘋，南澗之濱者也。非鹿所食，故不從之。（寅恪案，讀者苟取通行本百二十回石頭記第玖回「訓劣子李貴承申飭」所載隨寶玉上學之李貴答賈政云，「哥兒已經念到第三本詩經，什麽攸攸鹿鳴，荷葉浮萍。小的不敢撒謊」之語相參閲，當亦與榮國府清客相公及賈政同爲之噴飯也。）

吳其濬植物名實圖考壹貳隰草類「牛尾蒿」條略曰：

詩經「取蕭祭脂」。陸璣毛詩草木鳥獸蟲魚疏，蕭荻，今人所謂荻蒿者，是也。按爾雅蕭荻，郭注即蒿。李時珍本草綱目以陸疏苹爲牛尾蒿。與今本不同。

同書壹肆同類「蘆」條云：

夢溪筆談以爲蘆葦是一物。藥中宜用蘆，無用荻理。然今江南之荻，通呼爲蘆，俗方殆無別也。

此條下附毛晉詩疏廣要云：

雩婁農曰，强脃而心實者爲荻，柔纖而中虚者爲葦。澤國婦孺，瞭如菽麥。

則范菼所以不用其原來「惇哉」之字，而改稱「野苹」者，蓋以「苹」與「菼」有類似之處，遂取此稱，藉資掩飾歟？但斯乃昔人取義於經典訓詁而改易其稱謂。吾人今日自不必就植物分類之科學以討論此問題也。至董氏所言其兄「澹人」，或是烏程縣志范璨傳所謂「（璨）既貴顯，讓宅於從父兄弟」之兄弟所出者。今俱難考知，姑附記於此，以供談助。

今得見嘉慶二十二年丁丑重刊織雲樓合刻中陳長生繪聲閣續集有「喜蓉洲甥至京，有懷亡姊感賦」一題，（此集流傳甚少，陳文述當亦未得見，否則其詠繪影閣詩，自不致有「壻遇赦歸，未至家而□□死」之誤也。）則端生之子字「蓉洲」無疑。據西泠閨詠「繪聲閣詠家秋穀」七律中「香車桂嶺青山暮，畫舫蓮莊碧浪遥」一聯，「桂嶺」自指桂林，「蓮莊」與「畫舫」「碧浪」連文，則是指湖州府歸安縣之蓮花莊。考乾隆修湖州府志捌古蹟門歸安縣「蓮花莊」條云：

> 蓮花莊在府治東南，縣學南。縣志：元趙子昂別業。四面陂水環繞，水中多蓮，絶爲幽勝。

此條下引明釋宗泐詩云：

> 洲渚緑縈迴，芙蓉面面開。

及朱長春詩云：

> 城傍秋水古橫塘，四面蓮花學士莊。

寅恪案，趙松雪之蓮花莊建築於陂水環繞之地，其地必是高出陂水，即所謂洲渚者。（「蓮花」與「芙蓉」同義。古之所謂芙蓉，即荷花。鄭善果所謂「六郎面似蓮花」與白香山長恨歌「芙蓉如面」等語，皆可爲證，而非石頭記「芙蓉女兒誄」之木芙蓉也。）然則「蓉洲」之稱，殆由於此，所以表示仰慕鄉里先賢之意也。

據上文所論，知塏爲芡之少子。「塏」字之訓，依左傳昭公三年「初，齊景公欲更晏子之宅」條「請更諸爽塏者」句，杜預注云：

爽，明。塏，燥。

孔穎達正義云：

塏，高地，故爲燥。

由是言之，趙松雪之蓮花莊，建築於陂水中高出於陂水之洲渚上。端生之子既字蓉洲，與其名爲塏，實相關聯。若鄙説不誤，益可證科場案中之范芡，即范璨之子也。兹更有可言者，范璨之年齡雖高於陳兆崙，但陳氏稱范氏爲「前輩」，乃就登科先後次第而言，非世俗口語所謂「前輩」「晚輩」之義。若真爲世俗口語之「前輩」，則在近代文言應稱爲「父執行」，或「某丈」。試舉最近人稱謂之一例。如文廷式雲起軒詞中稱李盛鐸爲「前輩」。因李氏爲光緒十五年己丑科第一甲第二名進士，而文氏爲光緒十六年庚寅科第一甲第二名進士。可證「前輩」

之稱乃登科次第，非年齡高下也。憶昔清宣統間，王闓運以舉人賜翰林院檢討，同時名醫徐景明博士亦賜牙科進士。湘綺戲作七律解嘲，其一聯云：

　已無齒録稱前輩，賴有牙科步後塵。

蓋清室已於光緒季年停止科舉，更無同年録之刊刻，故湘綺有「已無齒録」之言也。

又端生雖屢次由湖州歸寧其父於杭州，但其臨逝之前，得聞范菼將由伊犁赦還，必與其子蓉洲在湖州家中坐待，自不留滯杭州，以俟其夫之至。蓋范菼既有房宅在南潯，歸後當有祭掃父墓之事。且范菼赦回時，玉敦已死，菼絶不先返杭州與端生會見無疑。至於玉敦妾施氏可能成爲繼室一點，則既無文獻可徵，且「扶正」之事，雖偶有之，然以紫竹山房理法謹嚴之家庭，應遵奉齊桓公葵丘之盟「毋以妾爲妻」之條文可知也。（見穀梁傳僖公九年及孟子告子章下。）

繪聲閣續稿「哭春田大姊」二首之一「捧到鄉書意轉驚」句與同書「喜蓉洲甥至京，有懷亡姊感賦」詩「話到鄉關倍黯然」句之「鄉」及「鄉關」，究何確指？今據繪聲閣初稿「寄懷春田家姊」七律云：

　白蓮橋畔西風冷，紅蓼灘前夕照多。

慈壽堂文鈔肆「竹墩村記」略云：

去（湖州）郡城定勝門三十里弱，有村曰竹墩者，吾沈氏家焉。記水道曰白蓮池。南港東流之所蓄也。記橋曰雙小橋。一在白蓮池西，一在白蓮池東。皆木。

光緒修歸安縣志捌古蹟門「紅蓼汀」條引康熙縣志云：

在白蘋洲對岸。宋汪藻有調小重山詞詠紅蓼汀。

等材料，可知端生夫家范氏與長生夫家葉氏，同在湖州。夫浙江一省，同時竟有兩范菼，豈不與舊戲劇中五花洞碧波仙子等，同一神話歟？然則此一奇案，恐包龍圖再生，亦難解决矣。鄙意就吾國昔日士大夫階級之婚姻條件言之，端生與秋塘兩家，既非孔李交遊之舊，林薛姑姨之親；又無綵樓抛球之緣，元夕觀燈之遇。今論者竟爲之强牽紅絲，使成嘉耦，以效法喬太守之亂點鴛鴦譜，豈不異哉！豈不異哉！

關於范菼科場獲罪一案，尚有可疑者。觀乾隆四十五年東閣大學士兼刑部事務英廉等所上刑部題本略云：

嗣陳七復見孫三、王五，各給銀七兩五錢，言定在場内傳遞文字。陳七又恐孫三、王五與范菼等素未熟識，恐場中傳遞錯誤，當令范菼等於衣襟上各掛小紅包爲記，令孫三、王五暗中認識，記明伊等所坐號舍，以便傳遞。入場後，華振聲（等）所作各卷，係王五潛往接收，轉交孫三懷藏，於（八月）初九日夜四更時，正在找尋范菼等號口交遞，

> 當被查獲。查陳七因身充謄録，冀圖重謝，輒包攬多人，雇替作文，轉輾説合，接受過付共銀一百二十餘兩。復敢有心將雇倩在場三人，隱匿不吐，欲令出場逸逃，實屬目無法紀。陳七應情實。

又觀雍正修大清會典柒貳禮部壹陸貢舉壹科舉通例云：

> 諸士領卷尋號時，有在號外停立者，登時扶送監臨詰問。坐定出題，簾外員役不許私入號房，傳送茶湯

然則范菼似一不善作四書義及試帖詩之人，與上引陳端生於再生緣中自述其夫之語，殊爲不合。鄙意陳七狡猾多謀，既「敢有心將雇倩在場三人，隱匿不吐，欲令出場逸逃」，或者孫三、王五被查獲時，適在范菼號口，因隨意誣指其「雇替作文」。（寅恪前以爲菼因代人作文得罪。今見陳七口供，自應更正。）藉以搪塞拷問者之刑逼，並爲另一雇替之人開脱。果爾，范菼乃替死鬼，即陳文述所謂「爲人牽累」者歟？

復次，陳七在此案中爲主犯，僅以行第稱，而不直書其名。蓋此人真名若暴露，則與當朝顯要，主事及考官等牽連，故特爲隱諱。（此點可參沈垚落帆樓文集拾簡札摭存下「與吴半峯汝雯」所云：「北闈中式者，多半是關節。十八名以鈔襲成文被革，其實取中亦是關節。主司本屬房老改，不改，而後被御史糾也。此時風氣，無勢力者，竟可不必應試。本年順天科場

之弊，發覺者特百分之一二，且其尤小小者耳。以有宰相子不入場而中式之事，故發覺者概從輕比。蒙蔽二字，至斯爲極，無勢力者，尚求進取耶？」沈氏作此書時，爲道光二十年庚子，距乾隆四十五年科場案，適爲甲子一周。可見順天鄉試積弊並未稍減。及至咸豐八年戊午順天鄉試，嚴懲主事官柏葰等之後，其弊始革矣。）即此一端，亦可以推知此案口供，必非完全真實也。至范菼善作詩，而不善作八股文之説，則殊不然。檢嘉慶修大清會典事例貳伍禮部門乾隆二十二年條云：

本年欽奉諭旨，會試二場表文，改用五言八韻唐律一首。剔釐科場舊習，務收實效。至將來各省士子，甫登賢書，即應會試。中式後，例應朝考。若非預先於鄉試時，一體用詩，垂爲定制，恐諸士子會試中式後，仍未能遽合程式。應自乾隆（二十四年）己卯科鄉試爲始，於第二場經文之外，加試五言八韻唐律一首。

同書同卷乾隆四十七年條云：

又議定二場排律一首，移置頭場試藝後。其性理論一道，移置二場經文後。

可知自乾隆二十四年己卯以後，八股文與試帖詩同一重要。故應試之舉子，無不殫竭心力，專攻此二體之詩文。今通行本一百二十回之石頭記，爲乾隆嘉慶間人所糅合而成者。書中試帖體之詩頗多，蓋由於此。總之，即使范菼善於作詩，而不精通舉子業，如沈氏「范太學傳」

所言者，亦恐不至於冒大危險，倩人代作也。

茲有可附論者，乾隆四十七年，議定將二場排律詩移置頭場試藝後。故兒女英雄傳作者文康，於第叁伍回「安公子占桂苑先聲」中，述安龍媒以備卷得代，錯用官韻之馬篔山中式第陸名舉人。此事實暗指同治三年甲子順天鄉試，而非雍正年間科場規則也。

復次，今得見繪聲閣初稿「與序堂弟泛舟西湖」，「將歸吴興，呈春田家姊並留贈汪嗣徽夫人」，「寄懷春田家姊」及繪聲閣續稿「哭春田大姊」等題，始知范菼實以嘉慶元年授受大典恩赦獲歸。前所論范菼獲歸之年有二，而以乾隆五十五年獲歸爲較可能。既得此新證，自應更正。

至乾隆四十五年九月二十五日刑部題本所云：

> 陳七又因曾與鑲黃旗滿洲筆帖式恒泰、春泰弟兄抄寫書籍，彼此熟識。

又略云：

> 不能禁約子弟之翰林院侍講勒善（等）革職。

等語，似此勒善與耆獻類徵初編叁叁貳將帥門所載清國史館本傳初名勒善之勒福，非爲一人。但此傳乾隆五十八年以前之事蹟，全不記載。又於道光十五年引見時，更名勒福，並中華書局印清史列傳中，不見勒福傳諸端，恐有所避忌，不能無疑。姑識於此，以待更考。

李桓國朝耆獻類徵初編壹肆貳郎署肆儲大文撰汪森墓誌銘附錢載撰汪孟鋗墓誌銘略云：

考上堉，歷官大理府知府。妣祝氏。大理四子，君其長也。雍正乙卯爲娶婦。蓋大理惟及爲冢子娶婦，其諸子女皆君於父没後爲弟昏，而嫁其妹者也。乾隆元年丙辰君年十六，侍母從父官盛京，入官京師。（六年）辛酉母没，君扶柩攜弟歸里，卜壤葬母於海鹽山茶花漾之原。（十年）乙丑大理出守，遣家歸。（十一年）丙寅大理卒於官，君奔迎柩歸，合葬於新阡。

寅恪案，汪上堉雖其本缺爲雲南省大理府知府，然亦有調署雲南省首府雲南府之可能。如乾隆三十五年陸燿原任登州府知府，三十六年調山東省首府濟南府知府，即是其例。依此言之，雲南省志職官門雲南府知府欄，列汪上堉之名，並非僞傳，亦未可知也。又端生之母汪氏，是否嫡出，抑或庶出，未能考知。假使爲庶出，則汪氏有隨其生母侍其父汪上堉往雲南之可能，如兒女英雄傳第貳回「沐皇恩特受河工令」略云：

（安）老爺開口先向着太太説道：「太太，如今咱們要作外任了。」又聽老爺往下説道：「我的主意打算暫且不帶家眷。到了明秋，我再打發人來接家眷不遲。第一件心事，明年八月鄉試，玉格務必教他去觀觀場。」太太説：「老爺纔説的一個人兒先去的話，還得商量商量。萬一得了缺，或者署事，有了衙門，老爺難道天天在家不成。别的慢講，這顆印是個要緊的。衙門裏要不分出個内外來，斷乎使不得。」老爺説：「何嘗不是呢？我也不是没想到這裏，但是玉格此番鄉試，是斷不能不留京的。既留下他，不能不留下太太照管他。這是相因而至的事情，可有甚麽法兒呢？」公子便説道：「請父母只管同去，把我留在家裏。」老爺明決料着自己一人前去，有多少不便，便向太太道：「譬如咱們早在外任，如今從外打發他進京鄉試，難道我合太太還能跟着他不成？」太太聽了，便向老爺説道：「老爺主見自然不錯，就這樣定規了罷。」

寅恪案，清國子監題名碑乾隆十三年戊辰科會試，則其前一年，即乾隆十二年丁卯有鄉試。汪上堉不令其子孟鋗於乾隆十年，隨己身同赴雲南，而遣家歸秀水，蓋欲孟鋗留居故里，預備應乾隆十二年丁卯科浙江鄉試。此點與安老爺不令安公子隨己身赴淮安，而令其留京應順天鄉試者相同。又安老爺此時不過一候補河工令，尚未得實缺，或署事。但安太太必欲分出個内外，以保管官印。據國朝耆獻類徵貳叁貳沈大成代撰汪上堉墓誌銘略云：

配祝氏，封宜人，前卒。子孟鋗、仲鈖、季鏗。其簉所生則彝銘也。

紫竹山房文集壹伍「顯考臯亭府君行述」略云：

府君終于乾隆八年三月二十四日寅時。孫六人。長玉萬，聘吴氏，雲州知州、現任大名府同知日省公第五女。次玉敦，聘汪氏，現任刑部河南司郎中起巖公次女。

同書同卷「顯妣沈太宜人行述」略云：

先慈終於乾隆戊辰年（十三年）六月二十四日巳時。孫男六人。玉萬太學生，娶吴氏，原任大名府同知日省公第五女。玉敦錢塘學附生，聘汪氏，原任刑部河南司郎中、雲南大理府知府起巖公女。

同書同卷「冢婦吴氏行略」略云：

（乾隆十五年）庚午秋，玉萬暨次兒玉敦，忝與鄉薦。明年正月長孫女端兒生。次子婦出也。

則是端生母汪氏，乃上堉次女。嫡配或簉室所生，固難決定，但例以安老爺以候補河工令之資格往淮安，安太太因安老爺無側室，故須親身隨往，以分内外。何況上堉乃實缺知府，當時由北京赴雲南，較由北京赴淮安，交通更困難。上堉嫡配祝氏，雖已前卒，往大理前，又遺孟鋗歸里，似仍須攜帶少數眷屬同行。苟欲攜眷屬同行，則此眷屬必是彝銘之母。端生之母汪氏，既是上堉次女，頗有爲彝銘同母姊之可能。依上引材料綜合推計，端生之母汪氏，果隨父母往雲南，其時年齡當在十歲以上。以十歲以上之女子，自然熟悉滇省之地理風俗狀況，故後來可以轉告再生緣之作者。所可笑者，沈大成代撰之汪上堉墓誌銘，絶不提及上堉有二女。若非陳句山尚有男女平等之觀念，其著作關於婦女方面，亦詳載記，否則此一代才女之母，竟成西游記第壹回「靈根育孕源流出」由石卵迸裂而出之孫悟空矣。呵呵！或有執石頭記述賈政放學差及任江西糧道，王夫人、趙姨娘、周姨娘皆不隨往以相難。鄙意石頭記中，不合事理者頗多，如晴雯所補之孔雀毛裘，乃謂出自俄羅斯國之類。若更證以才女戴蘋南隨其翁趙老學究赴江西學政之任，旋没於任所一事，尤爲實例實據。足見兒女英雄傳所言，非憑虚臆造者也。

戴蘋南「織素圖次韻」三首之一「絶勝崔徽傳裏人」句中之「崔徽」，宋元人詩詞用此典者頗多，兹舉數例於下，以見一斑。

蘇文忠公詩合注壹伍「和趙郎中見戲」二首之一「空唱崔徽上白樓」句下王注云：

(趙)堯卿(夔)曰，裴欽中以興元幕使河中，與徽相從者累月，欽中使罷，徽不能從，情懷怨抑。後數月，東川幕白知退(行簡)將自河中歸，徽乃託人寫真，因捧書謂知退曰，爲妾謂裴郎，崔徽一旦不及卷中人，徽且爲郎死矣！明日遂疾，發狂。元稹爲作崔徽歌以敍其事。

又施武子宿注云：

張君房麗情集元微之崔徽傳云，蒲女也。裴敬中使蒲，徽一見動情，不能忍。敬中使回，徽以不能從爲恨，久之成疾，寫真以寄裴。世有伊州曲，蓋採其歌成之也。

同書貳捌「章質夫寄惠崔徽真」題下施注云：

元微之作崔徽歌，世有伊州曲，蓋採其歌成之也。

楊廉夫維楨鐵厓三種之一鐵厓逸編注捌續奩集二十首之七「照畫」云：

畫得崔徽卷裏人，菱花秋水脱真真。只今顔色渾非舊，燒藥幓頭過一春。

史邦卿達祖梅溪詞三姝媚云：

記取崔徽模樣，歸來暗寫。

許彦周顗彦周詩話云：

詩人寫人物，態度至不可移易。元微之李娃行云，髻鬟峨峨高一尺，門前立地看春風。此定爲娼婦。

寅恪案，鐵厓「畫得崔徽卷裏人」句，出白「崔徽一旦不及卷中人」之語。戴蘋南「絶勝崔徽傳裏人」句，亦與鐵厓同用一典。故句中之「傳」字，似當作「卷」，而非用蘇詩施注所引之麗情集「崔徽傳」之「傳」。不過蘋南更承用鐵厓此句耳。蓋蘋南學問實由其父璐處得來。至若其八股名家之阿翁趙佑，必不許子婦閲讀此類雜書也。

又唐人小説例以二人合成之。一人用散文作傳，一人以歌行詠其事。如陳鴻作長恨歌傳，白居易作長恨歌。元稹作鶯鶯傳，李紳作鶯鶯歌。白行簡作李娃傳，元稹作李娃行。白行簡作崔徽傳，元稹作崔徽歌。此唐代小説體例之原則也。（可參拙著元白詩箋證稿第壹章「長恨歌」。）其言元微之作崔徽傳者，當是行文偶誤，不足爲據。至若韓愈作「石鼎聯句」，（見全唐詩第壹壹函聯句肆韓愈。）則以散文與歌詩不能分割，故一人兼爲之。此乃變例，不可執以概全部唐人小説之體裁也。

兹别有可注意者，許彦周謂元微之「髻鬟峨峨高一尺」句，乃寫當時婦女頭髮之形態，可供研究唐代社會史者之參考。然則當日所謂時髦婦女之髮型，有類今日所謂原子爆炸式，或無常式耶？寅恪曾游歷海外東西洋諸國，所見當時所詑爲奇異者，數十年後，亦已認爲通常，不足爲怪矣。斯則關於風氣之轉變，特舉以告讀司馬彪續漢書五行志述「服妖」諸條之君子。

又三益堂再生緣原本刻於道光元年。是「元」字非「九」字之誤，應據以改正。但「花甲」即六十歲。五十一歲可言「開六秩」，而梁德繩以「近花甲」爲言，未免有語病。若易「嗟我年將近花甲」爲「嗟我今年開六秩」，則更妥適，不至令人疑惑耳。（此點可參白氏文集叁柒「喜老自嘲」詩末二句「行開第八秩，可謂盡天年」原注「時俗謂七十已上爲開第八秩」之語。）

又陳文述西泠閨詠壹伍「繪影閣詠家□□」詩「苦將夏簟冬釭怨」句，乃用文選壹陸江文通「别賦」中「夏簟清兮晝不暮，冬釭凝兮夜何長」之典，與此詩第貳句「别緒年年悵女牛」相應。今刻本「釭」誤作「缸」，不可從。

## 論再生緣校補記後序

論再生緣一文乃頹齡戲筆，疏誤可笑。然傳播中外，議論紛紜。因而發見新材料，有爲前所未知者，自應補正。兹輯爲一編，附載簡末，亦可別行。至於原文，悉仍其舊，不復改易，蓋以存著作之初旨也。噫！所南心史，固非吳井之藏。孫盛陽秋，同是遼東之本。點佛弟之額粉，久已先乾。裹王娘之脚條，長則更臭。知我罪我，請俟來世。

一九六四年歲次甲辰十一月十八日文盲叟陳寅恪識於廣州金明館

# 論唐高祖稱臣於突厥事

吾民族武功之盛，莫過於漢唐。然漢高祖困於平城，唐高祖亦嘗稱臣於突厥，漢世非此篇所論，獨唐高祖起兵太原時，實稱臣於突厥，而太宗又爲此事謀主，後來史臣頗諱飾之，以至其事之本末不明顯於後世。夫唐高祖太宗迫於當時情勢不得已而出此，僅逾十二三年，竟滅突厥而臣之，大恥已雪，奇功遂成，又何諱飾之必要乎？兹略取舊記之關於此事者，疏通證明之，考興亡之陳迹，求學術之新知，特爲拈出此一重公案，願與當世好學深思讀史之有心人共參究之也。

舊唐書陸柒李靖傳（參新唐書貳壹伍上突厥傳貞觀政要貳任賢篇大唐新語柒容恕篇。）云：

> 太宗初聞靖破頡利，大悅，謂侍臣曰：朕聞「主憂臣辱，主辱臣死」。往者國家草創，太上皇（高祖）以百姓之故，稱臣於突厥，朕未嘗不痛心疾首，志滅匈奴，坐不安席，食不甘味，今者暫動偏師，無往不捷，單于款塞，恥其雪乎。

寅恪案，太宗所謂國家草創，即指隋末高祖起兵太原之時，當此時，中國與突厥之關係爲何如乎？試觀通典壹玖柒邊防典突厥條上（參新唐書貳壹伍上突厥傳唐會要玖肆北突厥條。）云：

及隋末亂離，中國人歸之者甚衆，又更强盛，勢凌中夏，迎蕭皇后，置於定襄，薛舉竇建德王世充劉武周梁師都李軌高開道之徒，雖僭尊號，俱北面稱臣，東自契丹，西盡吐谷渾高昌諸國皆臣之，控弦百萬，戎狄之盛，近代未有也。大唐起義太原，劉文静聘其國，引以爲援。

則知隋末中國北方羣雄幾皆稱臣於突厥，爲其附庸，唐高祖起兵太原，亦爲中國北方羣雄之一，豈能於此獨爲例外？故突厥在當時實爲東亞之霸主，史謂「戎狄之盛，近代未有」。誠非虚語，請更引史傳以證釋之。

舊唐書伍伍劉武周傳（參新唐書捌陸劉武周傳。）略云：

突厥立武周爲定楊可汗，遺以狼頭纛，因僭稱皇帝，建元爲天興。

資治通鑑壹捌叁隋紀柒略云：

恭帝義寧元年（即煬帝大業十三年），突厥立〔劉〕武周爲定楊可汗，遺以狼頭纛。武周即皇帝位，改元天興。

通鑑考異云：

新舊唐書武周皆無國號，惟創業起居注云，國號定楊。

通鑑此條胡注云：

言將使之定楊州也。

大唐創業起居注上云：

大業十三年二月己丑，馬邑軍人劉武周殺太守王仁恭，據其郡而自稱天子，國號定楊。

武周竊知煬帝於樓煩築宮厭當時之意，故稱天子，規而應之。

寅恪案，胡氏釋定楊爲定楊州，楊揚雖古通用，然楊爲隋之國姓，似以定楊隋爲釋較胡説之迂遠爲勝，至創業起居注以「國號定楊」爲言者，蓋突厥錫封劉武周爲定楊可汗，温大雅於此頗有所諱，故以「國號定楊」爲言，司馬君實不解此意，而疑兩唐書與創業起居注異，其實武周之所謂國號即其所受突厥之封號也。

新唐書捌柒梁師都傳（參舊唐書伍陸梁師都傳。）略云：

自爲梁國，僭皇帝位，建元永隆，始畢可汗遺以狼頭纛，號大度毗伽可汗解事天子。

寅恪案，突厥語「大度」爲「事」，「毗伽」爲「解」，突厥語大度毗伽可汗即漢語解事天子也。

新唐書玖貳李子和傳云：

北事突厥，納弟爲質，始畢可汗册子和爲平楊天子，不敢當，乃更署爲屋利設。

資治通鑑壹捌叁隋紀柒略云：

恭帝義寧元年三月，始畢以劉武周爲定楊天子，梁師都爲解事天子，子和爲平楊天子，子和固辭不敢當，乃更以爲屋利設。

胡注云：

平楊猶定楊也。

寅恪案，胡氏之意，平楊爲平楊州，似不如以平楊隋爲釋較勝也。

資治通鑑壹捌捌唐紀肆略云：

武德三年七月驃騎大將軍可朱渾定遠告并州總管李仲文與突厥通謀，欲俟洛陽兵交，引胡騎直入長安，甲戌，命皇太子鎮蒲反以備之，四年二月，并州安撫使唐儉密奏真鄉公李仲文與妖僧志覺有謀反語，又娶陶氏之女，以應桃李之謡，諂事可汗，甚得其意，可汗許立爲南面可汗，及在并州，贓賄狼藉，上命裴寂陳叔達蕭瑀雜鞫之，乙巳，仲文伏誅。

寅恪案，綜合前引史料觀之，則受突厥之可汗封號者，亦受其狼頭纛，其有記受突厥封號，而未及狼頭纛者，蓋史臣略而不載耳。故突厥之狼頭纛猶中國之印綬，乃爵位之標幟，受封號者，必亦受此物，所以表示其屬於突厥之系統，服從稱臣之義也。據通典壹玖柒邊防典突厥傳上（參隋書捌肆突厥傳北史玖玖突厥傳等。）略云：

旗纛之上，施金狼頭，侍衛之士，謂之附離，夏言狼也，蓋本狼生，志不忘舊。

可知狼爲突厥民族之圖騰。隋末北方羣雄，既受突厥之狼頭纛，則突厥亦以屬部視之矣，哀哉。

紀載唐高祖太宗起兵太原之事，温大雅大唐創業起居注一書，爲最重要之史料，世所共知。其述當時與突厥之關係，最爲微妙，深堪翫味，如改旗幟一事，辭費文繁，或者以爲史家鋪陳開國祥瑞之慣例，則不達温氏曲爲唐諱之苦心。又稱臣突厥之主謀，實爲太宗，實可據其述興國寺兵脅迫高祖服從突厥一事得以推知。兹不避繁冗之嫌，頗詳録温氏之書與此二事有關者推論之如下：

裴寂等乃因太子秦王等入啓，請依伊尹放太甲、霍光廢昌邑故事，廢皇帝而立代王，興義兵以檄郡縣，改旗幟以示突厥，師出有名，以輯夷夏。於是遣使以衆議馳報突厥，始畢依旨，即遣其柱國康鞘利級失熱寒特勤達官等送馬千疋來太原交市，仍許遣兵送帝往西京，多少惟命。康鞘利將至，軍司以兵起甲子之日，又符讖尚白，請建武王所執白旗以示突厥。帝曰，誅紂之旗牧野臨時所仗，未入西郊，無容預執，宜兼以絳雜半續之。諸軍稍旛皆放此，營壁城壘幡旗四合，赤白相映若花園。開皇初太原童謡云，法律存，道德在，白旗天子出東海。常亦云白衣天子，故隋主恒服白衣，每向江都，擬於東海。又有桃李子歌曰，桃李子，莫浪語，黄鵠繞山飛，宛轉花園裏。案李爲國姓，桃當作陶，若言陶唐也，配李而言，故云桃花園，宛轉屬旌幡。汾晉老幼謳歌在耳，忽覩靈驗，不勝懽躍。

寅恪案，唐高祖之起兵太原，即叛隋自立，别樹一不同之旗幟以表示獨立，其事本不足怪，但太宗等必欲改白旗以示突厥，則殊有可疑。據大唐創業起居注下載裴寂等所奏神人太原慧化尼歌謡詩讖有云：

童子木上懸白旛，胡兵紛紛滿前後。

是胡兵即突厥兵，而其旗幟，爲白色之明證。此歌謡之意，謂李唐樹突厥之白旗，而突厥兵從之，蓋李唐初起兵時之旗爲絳白相雜，不得止言白旛也。所可笑者，開皇初太原童謡本作白衣天子出東海，太宗等乃强改白衣爲白旗，可謂巧於傅會者矣。夫歌謡符讖，自可臨時因事僞造，但不如因襲舊有之作稍事改换，更易取信於人，如後來玄宗時佞臣之改作得寳歌，即是顯著之例（見舊唐書壹佰伍韋堅傳）。豈所謂效法祖宗，師其故智者耶？唐高祖之不肯竟改白旗而用調停之法兼以絳雜半續之者，蓋欲表示一部分之獨立而不純服從突厥之意。據隋書壹高祖紀云：

〔開皇元年〕六月癸未，詔以初受天命，赤雀降祥，五德相生，赤爲火色。其郊及社廟，依服冕之儀，而朝會之服，旗幟犧牲，盡令尚赤。

是隋色爲絳赤，即是當時中夏國旗之色，而資治通鑑壹捌肆隋紀義寧元年六月雜用絳白以示突厥句下胡注云：

隋色尚赤，今用絳而雜之以白，示若不純於隋。

胡氏知隋色尚赤，乃謂「示若不純於隋」，夫唐高祖起兵叛立，其不純於隋自不待言，但其初尚欲擁戴幼主不即革隋命，則旗色純用絳赤本亦不妨，其所以「用絳而雜之以白」者，實表示維持中夏之地位而不純臣服於突厥之意，胡氏之説，可謂適得其反者也。總之，高祖起兵時，改易旗色，必與臣服於突厥有關。高祖所以遲疑不決，太宗等所以堅執固請，温氏所以詳悉記述歌謠符讖累數百言者，其故正在於此。世之讀史者，不可視爲醲詞而忽略之也。大唐創業起居注上云：

帝引康鞘利等禮見於晉陽宫東門之側舍，受始畢所送書信，帝僞貌恭，厚加饗賄。鞘利等大悦，退相謂曰，唐公見我蕃人，尚能屈意，見諸華夏，情何可論，敬人者人皆敬愛，天下敬愛，必爲人主，我等見之人，不覺自敬。

寅恪案，此温氏用委婉之筆敍述唐高祖受突厥封號稱臣拜伏之事。「始畢所送書信」，即突厥敕封高祖爲可汗之册書，「帝僞貌恭」，即稱臣拜伏之義。唐高祖此時所受突厥封號究爲何名，史家久已隱諱不傳，但據上引李仲文事觀之，則高祖與仲文俱爲太原主將，突厥又同欲遣兵送之入長安，而仲文所受突厥之封號據稱爲「南面可汗」。由此推之，高祖所受封號亦當相與類似，可無疑也。

總而言之，太宗既明言高祖於太原起兵時曾稱臣於突厥，則與稱臣有關之狼頭纛及可汗封號二事，必當於創業史料中得其經過迹象。惜舊記諱飾太甚，今祇可以當時情勢推論之耳。

高祖稱臣於突厥，其事實由太宗主持於内，而劉文静執行於外，請略引史傳，以證明之。

大唐創業起居注上略云：

始畢得書大喜，其部達官等曰，天將以太原與唐公，必當平定天下，不如從之以求寶物，但唐公欲迎隋主，共我和好，此語不好，我不能從。唐公自作天子，我則從行，覓大勳賞，不避時熱，當日即以此意作書報帝。帝開書歎息久之曰，孤爲人臣須盡節，本慮兵行已後，突厥南侵，屈節連和，以安居者，不謂今日所報，更相要逼，乍可絶好蕃夷，無有從其所勸，突厥之報帝書也，謂使人曰，唐公若從我語，即宜急報我，遣大達官往取進止，官僚等以帝辭色懍然，莫敢咨諫。興國寺兵知帝未從突厥所請，往往偶語曰，「公若更不從突厥，我亦不能從公。」裴寂劉文静等知此議，以狀啓聞。

寅恪案，突厥之欲高祖自爲天子，即欲其受可汗封號，脱離楊隋而附屬突厥之意，其事本不足怪，但興國寺兵，何以亦同突厥，以此要迫，考大唐創業起居注上云：

帝遣長孫順德趙文恪等率興國寺所集兵五百人總取秦王部分。

即册府元龜柒帝王部創業門云：

〔唐〕高祖乃命太宗與晉陽令劉文静及門下客長孫順德劉弘基等各募兵，旬日之間，衆且一萬，文静頓於興國寺，順德頓於阿育王寺。

夫劉文静長孫順德（順德爲太宗長孫后之族叔，避遼東之役逃匿於太原，見舊唐書伍捌及新唐書壹佰伍長孫順德傳等。）等皆太宗之黨，其兵又奉高祖之命歸太宗統屬，今居然與突厥通謀，迫脅高祖，叛楊隋而臣突厥，可知太宗實爲當時主謀稱臣於突厥之人，無復疑問也。

太宗爲稱臣於突厥之主謀，執行此計劃之主要人物則是劉文静，據舊唐書伍柒劉文静傳略云：

隋末爲晉陽令，煬帝令繫於郡獄，太宗以文静可與謀議，入禁所視之，高祖開大將軍府，以文静爲軍司馬，文静勸改旗幟，以彰義舉，又請連突厥，以益兵威，高祖并從之，因遣文静使於始畢可汗，始畢曰，唐公起事，今欲何爲？文静曰，願與可汗兵馬同入京師，人衆土地入唐公，財帛金寶入突厥，始畢大喜，即遣將康鞘利領騎二千隨文静而至，〔武德二年〕裴寂又言曰，當今天下未定，外有勍敵，今若赦之，必貽後患，高祖竟聽其言，遂殺文靜。

及大唐創業起居注上略云：

乃命司馬劉文静報使，并取其兵，静辭，帝私誡曰，胡兵相送，天所遣來，數百之外，無所用之，所防之者，恐武周引爲邊患，取其聲勢，以懷遠人，公宜體之，不須多也。

則與突厥始畢可汗議訂稱臣之約者，實爲劉文静，其人與太宗關係密切，觀太宗往視文静於獄中一事，即可推知，文静即爲李唐與突厥連繫之人，及高祖入關後漸與突厥疏遠，而文静乃被殺矣，裴寂謂「當今天下未定，外有勍敵」，「天下未定」指劉武周王世充竇建德等，「外有勍敵」指突厥，而新唐書捌捌劉文静傳及通鑑壹捌陸唐紀武德二年殺劉文静條俱渻略「外有勍敵」之語，實由未解文静與突厥之關係所致也。李唐與突厥之連繫人劉文静雖死，而太宗猶在，觀高祖於遣劉文静使突厥時，以防劉武周爲言，則唐與突厥關係親密，武周自當受突厥之約束，不敢侵襲太原，若唐與突厥之關係疏遠，則武周必倚突厥之助略取并州。據舊唐書壹玖肆上突厥傳上略云：

武德二年始畢授馬邑賊帥劉武周兵五百餘騎，遣入句注，又追兵大集，欲侵太原。是月始畢卒，立其弟俟利弗設，是爲處羅可汗。

可知突厥始畢可汗初與劉文静定約，立唐高祖爲可汗，約束劉武周，不得侵襲太原。迨唐入關後，漸變前此之恭遜，故始畢又改命武周奪取太原矣。劉武周既得突厥之助，奪取太原，兵鋒甚盛，將進逼關中，唐室不得不使劉文静外，其他唯一李唐與突厥之連繫人即太宗出膺抗拒劉武周之命，此不僅以太宗之善於用兵，實亦由其與突厥有特别之關係也。觀舊唐書壹玖肆上突厥傳上云：

太宗在藩，受詔討劉武周，師次太原，處羅遣其弟步利設率二千騎與官軍會。六月處羅至并州，總管李仲文出迎勞之。留三日，城中美婦人多爲所掠。仲文不能制，俄而處羅卒。

則突厥昔之以兵助劉武周者，今反以兵助李世民，前後態度變異至此，其關鍵在太宗與突厥之特别關係，可推知也。

又據舊唐書貳太宗紀上略云：

〔武德〕七年秋，突厥頡利突利二可汗自原州入寇，侵擾關中。有説高祖云，祇爲府藏子女在京師，故突厥來，若燒却長安而不都，則胡寇自止。高祖乃遣中書侍郎宇文士及行山南可居之地，即欲移都。蕭瑀等皆以爲非，然終不敢犯顔正諫。太宗獨曰，幸乞聽臣一申微效，取彼頡利。若一兩年間不係其頸，徐建遷都之策，臣當不敢復言。高祖怒，仍遣太宗將三十餘騎行剗。還日，固奏必不可移都，高祖遂止。

及新唐書柒玖隱太子傳云：

突厥入寇，帝議遷都，秦王苦諫止。建成見帝曰，秦王欲外禦寇，沮遷都議，以久其兵，而謀篡奪。帝寖不悦。

可見太宗在當時被目爲挾突厥以自重之人，若非起兵太原之初，主謀稱臣於突厥者，何得致此疑忌耶？斯亦太宗爲當時主謀者之一旁證也。

又舊唐書壹玖肆上突厥傳上（參册府元龜玖捌壹外臣部盟誓門。）略云：

〔武德〕七年八月，頡利突利二可汗舉國入寇，太宗乃親率百騎馳詣虜陣，告之曰，國家與可汗誓不相負，何爲背約深入吾地？我秦王也，故來一決。可汗若自來，我當與可汗兩人獨戰，若欲兵馬總來，我唯百騎相禦耳。頡利弗之測，笑而不對。太宗又前，令騎告突利曰，爾往與我盟，急難相救，爾今將兵來，何無香火之情也？亦宜早出，一決勝負。突利亦不對。太宗前，將渡溝水，頡利見太宗輕出，又聞香火之言，乃陰猜突利，因遣使曰，王不須渡，我無惡意，更欲共王自斷當耳。於是稍引却，各斂軍而退。太宗因縱反間於突利，突利悦而歸心焉，遂不欲戰。其叔侄内離，頡利欲戰不可，因遣突利及夾畢特勒（勤）阿史那思摩奉見請和，許之。突利因自託於太宗，願結爲兄弟。

寅恪案，太宗在當時不僅李唐一方面目之爲與突厥最有關係之人，即突厥一方面亦認太宗與之有特別關係。然則太宗當日國際地位之重要，亦可想見矣。至太宗與突利結爲兄弟疑尚遠在此時之前，據舊唐書壹玖肆上突厥傳上略云：

〔武德〕九年七月，頡利自率十萬餘騎進寇武功，頡利遣其腹心執失思力入朝爲覘，因張形勢云，二可汗總兵百萬，今已至矣。太宗謂之曰，我與突厥，面自和親，汝則背之，我實無愧。又義軍入京之初，爾父子（指頡利突利言，如昔人稱漢疏廣受父子之例，蓋頡利突利爲叔父及從子也。）並親從我。

然則所謂香火之盟，當即在唐兵入關之時也，通鑑壹玖壹唐紀柒武德柒年胡注釋香火之盟固是，但仍未盡，考教坊記（據説郛本。）坊中諸女條云：

坊中諸女以氣類相似，約爲香火兄弟，每多至十四五人，少不下八九輩。有兒郎娉之者，輒被以婦人稱呼，即所娉者兄見呼爲新婦，弟見呼爲嫂也。兒郎有任宫僚者，宫參與内人對同日，垂到内門，車馬相逢，或褰車簾呼阿嫂若新婦者，同黨未達，殊爲怪異，問被呼者，笑而不答。兒郎既娉一女，其香火兄弟多相奔，云學突厥法。又云，我兄弟相憐愛，欲得嘗其婦也。主者知亦不妬，他香火即不通。

則太宗與突利結香火之盟，即用此突厥法也。故突厥可視太宗爲其共一部落之人，是太宗雖爲中國人，亦同時爲突厥人矣！其與突厥之關係，密切至此，深可驚訝者也。

舊記中李唐起兵太原時稱臣於突厥一事，可以推見者，略如上述，此事考史者所不得爲之諱，亦自不必爲之諱也。至後來唐室轉弱爲强，建功雪恥之本末，軼出本篇範圍，故不涉及。嗚呼！古今唯一之「天可汗」，豈意其初亦嘗效劉武周輩之所爲耶？初雖效之，終能反之，是固不世出人傑之所爲也。又何足病哉！又何足病哉！

# 韋莊秦婦吟校箋

中和癸卯春三月，洛陽城外花如雪。東西南北路人絶，緑楊悄悄香塵滅。路旁忽見如花人，
獨向緑楊陰下歇。鳳側鸞欹鬢脚斜，紅攢黛斂眉心折。借問女郎何處來，含顰欲語聲先咽。
回頭斂袂謝行人，喪亂漂淪何堪説。三年陷賊留秦地，依稀記得秦中事。君能爲妾解金鞍，
妾亦與君停玉趾。前年庚子臘月五，正閉金籠教鸚鵡。斜開鸞鏡懶梳頭，閒憑雕欄慵不語。
忽看門外起紅塵，已見街中擂金鼓。居人走出半倉皇，朝士歸來尚疑誤。是時西面官軍入，
擬向潼關爲警急。皆言博野自相持，盡道賊軍來未及。須臾主父乘奔至，下馬入門癡似醉。
適逢紫蓋去蒙塵，已見白旗來匝地。扶羸攜幼競相呼，上屋緣牆不知次。南鄰走入北鄰藏，
東鄰走向西鄰避。北鄰諸婦咸相湊，户外崩騰如走獸。轟轟崑崑乾坤動，萬馬雷聲從地湧。
火迸金星上九天，十二官街煙烘烔。日輪西下寒光白，上帝無言空脈脈。陰雲暈氣若重圍，
宦者流星如血色。紫氣潛隨帝座移，妖光暗射台星坼。家家流血如泉沸，處處寃聲聲動地。
舞伎歌姬盡暗捐，嬰兒稚女皆生棄。東鄰有女眉新畫，傾國傾城不知價。長戈擁得上戎車，

回首香閨淚盈把。旋抽金線學縫旗，纔上雕鞍教走馬。有時馬上見良人，不敢迴眸空淚下。西鄰有女真仙子，一寸橫波翦秋水。妝成只對鏡中春，年幼不知門外事。一夫跳躍上金階，斜袒半肩欲相恥。牽衣不肯出朱門，紅粉香脂刀下死。南鄰有女不記姓，昨日良媒新納聘。琉璃階上不聞行，翡翠簾間空見影。忽看庭際刀刃鳴，身首支離在俄頃。仰天掩面哭一聲，女弟女兄同入井。北鄰少婦行相促，旋解雲鬟拭眉緑。已聞擊托壞高門，不覺攀緣上重屋。須臾四面火光來，欲下迴梯梯又摧。煙中大叫猶求救，梁上懸屍已作灰。妾身幸得全刀鋸，不敢踟躇久回顧。旋梳蟬鬢逐軍行，强展蛾眉出門去。舊里從兹不得歸，六親自此無尋處。一從陷賊經三載，終日驚憂心膽碎。夜臥千重劍戟圍，朝湌一味人肝膾。鴛幃縱入豈成歡，寶貨雖多非所愛。蓬頭面垢猳眉赤，幾轉橫波看不得。衣裳顛倒言語異，面上誇功雕作字。柏臺多士盡狐精，蘭省諸郎皆鼠魅。還將短髮戴華簪，不脫朝衣纏繡被。翻持象笏作三公，倒佩金魚爲兩史。朝聞奏對入朝堂，暮見喧呼來酒市。一朝五鼓人驚起，叫嘯喧争如竊議。夜來探馬入皇城，昨日官軍收赤水。赤水去城一百里，朝若來兮暮應至。凶徒馬上暗吞聲，女伴閨中潛失喜。皆言寃憤此時銷，必謂妖徒今日死。逡巡走馬傳聲急，又道官軍全陣入。大彭小彭相顧憂，二郎四郎抱鞍泣。沉沉數日無消息，必謂軍前已銜璧。簸旗掉劍卻來歸，又道官軍悉敗績。四面從兹多厄束，一㪷黃金一升粟。尚讓厨中食木皮，黃巢机上刲人肉。

東南斷絕無糧道，溝壑漸平人漸少。六軍門外倚僵尸，七架營中填餓殍。長安寂寂今何有，
廢市荒街麥苗秀。採樵砍盡杏園花，修寨誅殘御溝柳。華軒繡轂皆銷散，甲第朱門無一半。
含元殿上狐兔行，花萼樓前荆棘滿。昔時繁盛皆埋没，舉目淒涼無故物。内庫燒爲錦繡灰，
天街踏盡公卿骨。來時曉出城東陌，城外風煙如塞色。路旁時見游奕軍，坡下寂無迎送客。
霸陵東望人烟絕，樹鎖驪山金翠滅。大道俱成棘子林，行人夜宿牆匡月。明朝曉至三峯路，
百萬人家無一户。破落田園但有蒿，摧殘竹樹皆無主。路旁試問金天神，金天無語愁於人。
廟前古柏有殘枿，殿上金鑪生暗塵。一從狂寇陷中國，天地晦冥風雨黑。案前神水呪不成，
壁上陰兵驅不得。閒日徒歆奠饗恩，危時不助神通力。我今愧恧拙爲神，且向山中深避匿。
寰中簫管不曾聞，筵上犧牲無處覓。旋教魘鬼傍鄉村，誅剥生靈過朝夕。妾聞此語愁更愁，
天遣時災非自由。神在山中猶避難，何須責望東諸侯。前年又出楊震關，舉頭雲際見荆山。
如從地府到人間，頓覺時清天地閑。陝州主帥忠且貞，不動干戈惟守城。蒲津主帥能戢兵，
千里晏然無犬聲。朝攜寶貨無人問，暮插金釵唯獨行。明朝又過新安東，路上乞漿逢一翁。
蒼蒼面帶苔蘚色，隱隱身藏蓬荻中。問翁本是何鄉曲，底事寒天霜露宿。老翁暫起欲陳詞，
卻坐支頤仰天哭。鄉園本貫東畿縣，歲歲耕桑臨近甸。歲種良田二百廛，年輸户税三千萬。
小姑慣織褐絁袍，中婦能炊紅黍飯。千間倉兮萬絲箱，黄巢過後猶殘半。自從洛下屯師旅，

日夜巡兵入村塢。匣中秋水拔青蛇，旗上高風吹白虎。入門下馬若旋風，罄室傾囊如卷土。家財既盡骨肉離，今日垂年一身苦。一身苦兮何足嗟，山中更有千萬家。朝湌山上尋蓬子，夜宿霜中臥荻花。妾聞此父傷心語，竟日闌干淚如雨。出門惟見亂梟鳴，更欲東奔何處所。仍聞汴路舟車絶，又道彭門自相殺。野色徒銷戰士魂，河津半是冤人血。適聞有客金陵至，見說江南風景異。自從大寇犯中原，戎馬不曾生四鄙。誅鋤竊盜若神功，惠愛生靈如赤子。城壕固護斅金湯，賦稅如雲送軍壘。奈何四海盡滔滔，湛然一鏡平如砥。避難徒爲闕下人，懷安卻羨江南鬼。願君舉棹東復東，詠此長歌獻相公。

秦婦吟一卷

天復伍年乙丑歲十二月十五日敦煌郡金光明寺學仕張龜寫。

戊辰之春，俞銘衡君爲寅恪寫韋端己秦婦吟卷子，張於屋壁。八年以來，課業餘暇，偶一諷詠，輒若不解，雖於一二字句稍有所校釋，然皆瑣細無關宏旨。獨端己此詩所述從長安至洛陽及從洛陽東奔之路程，本寫當日人民避難之慘狀，而其晚年所以諱言此詩之由，實繫於詩中所述從長安達洛陽一段經過。此點爲近日論此詩者所未詳，遂不自量，欲有所妄說。至詩中字句之甚不可解及時賢之說之殊可疑者，亦略申鄙見，附綴於後。茲請先言從洛陽東奔之路程。此段經過惜未得確知，是以於端己南游事跡不能有所考見。但依地理系統以爲推證，亦有裨於明瞭當日徐淮軍事之情勢及詩中文句之校釋也。

## （甲）從洛陽東奔之路程

詩云：

出門惟見亂梟鳴，更欲東奔何處所。仍聞汴路舟車絶，又道彭門自相殺。野色徒銷戰士魂，河津半是寃人血。適聞有客金陵至，見説江南風景異。

王國維氏校本（北京大學國學季刊第壹卷第肆期。）云：汴路一作洛下。羅振玉氏校本（敦煌零拾。）汴路作汴洛。周雲青君秦婦吟箋注云：

汴洛謂河南開封至洛陽也。

寅恪案，元和郡縣圖志玖徐州條云：

按自隋氏鑿汴以來，彭城南控埇橋，（在宿縣北二十里，一名符離橋，亦名永濟橋，跨汴水。輿地記：「徐州南控埇橋，以扼汴路，故其鎮尤重。」唐於其地置鹽鐵院。建中二年，淄青帥李正己拒命，屯兵埇橋。元和四年，議者以埇橋當舟車之會，因置宿州以鎮之。）以扼汴路，故其鎮尤重。

同書同卷宿州條略云：

其地南臨汴河有埇橋，爲舳艫之會。

白氏長慶集肆肆杭州刺史謝上表云：

屬汴路未通，取襄漢路赴任。

據此，汴路乃當時習用之名詞，不可改爲汴洛，亦不得釋爲開封至洛陽明矣。

李文公集壹捌來南録云：

元和三年十月翱既受嶺南尚書公之命。四年正月己丑自旌善弟（第）以妻子上船於漕。〔元和四年正月〕乙未去東都，韓退之石濬川假舟送予。明日及故洛東，弔孟東野，遂以東野行。濬川以妻疾自漕口先歸。黄昏，到景雲山居，詰朝，登上方，南望嵩山，題姓名記別。既食，韓孟别予西歸。戊戌，余病寒，飲葱酒以解表。暮宿于鞏。庚子出洛下河，止汴梁口，遂泛汴流，通河于淮。辛丑及河陰，乙巳次汴州，疾又加，召醫察脈，使人入盧又。二月丁未朔，宿陳留。莊人自盧又來，宿雍丘。〔二月〕乙酉次宋州。疾漸瘳。壬子至永城。甲寅至埇口，丙辰次泗州，見刺史，假舟轉淮上河如揚州。庚申下汴渠入淮，風帆，及盱眙，風逆，天黑色，波水激，順潮入新浦。壬戌至楚州，丁卯至揚州，戊辰上栖靈浮圖。辛未濟大江至潤州。

又同書同卷題梲櫛亭云：

翺與監察御史韋君詞皆自東京如嶺南，翺以〔元和四年〕正月十八日上舟於漕以行。韋君期以二月策馬疾驅，追我於汴宋之郊。或不能及，約自宣州會我於常州以偕行。

元和郡縣圖志玖徐州條云：

今爲徐泗節度使理所。

西至東都一千二百二里。

南取埇橋路至宣州五百里。

又同書貳伍潤州條云：

今爲浙西觀察使理所。

西北至東都一千八百一十里。

北渡江至揚州七十里。

正南微西至宣州四百里。

又同書貳捌宣州條云：

今爲宣歙觀察使理所。

西北至東都取和滁路二千一百五十里。

正北微東至潤州四百里。

宣城縣。（郭下。）

當塗縣。

牛渚山，在縣北三十五里，突出江中，謂之牛渚圻，津渡處也。采石戍，在縣西北三十五里，西接烏江，北連建業城，在牛渚山上，與和州橫江渡相對。

據此，知李翺南行自身由揚州渡江至潤州，而約韋詞由和州渡江至宣州，蓋二塗皆經埇橋，即李吉甫白居易及秦婦吟所謂汴路，亦即端己弔侯補闕詩句注（浣花集肆。）所謂汴宋路也。端己有道當塗縣五律一首。（浣花集肆。）夏承燾君韋端己年譜（詞學季刊第壹卷第肆號。）列之中和三年南游作中，曲瀅生君韋莊年譜則疑此詩爲光啓二年西游所作。又謂此詩或有爲初次東來時作之可能。然皆未詳言其故。鄙見此詩若果爲端己中和三年春間之作，則是由汴路南行，復取和滁路渡江也。但此詩語意太泛，不易證明。故由何處渡江一點可不必多作揣測之論。至汴路則秦婦吟中雖言其艱阻，而端己之南投周寶，或仍由此路。蓋白樂天長慶二年赴杭州刺史任，所取之襄漢路迂迴太甚。又浣花集中未能確切發見其中和三年春襄漢之行踪也。姑存此疑，以俟考定。（浣花集叁新正日商南道中作寄李明府一首，夏君韋端己年譜列於中和二年。寅恪案，端己中和二年二月後始離長安，是年新正日何緣在商南道中？疑是中和三年之作。果爾，則端已於中和三年新正日經過商南，豈取襄漢路赴潤州耶？但詩語無明確之表示，故不敢遽斷也。）

汴路之界説既已確定，彭門之地望因之可以推知，而野色之校改亦得佐證矣。翟理斯公子秦婦吟之考證與校釋（原文載通報第貳肆卷第肆第伍合期。茲所據者爲燕京學報第壹卷第壹期張蔭麟君譯本。）云：

> 四川彭縣有彭門山，詩中之彭門不知是指此否？

寅恪案，中和二年冬蜀中阡能之亂蔓延及於雙流新津，（見通鑑貳伍伍中和二年十一月阡能黨愈熾侵淫入蜀州條及崔致遠桂苑筆耕集壹賀處斬草賊阡能表等。）則彭門指彭州導江縣之天彭闕或天彭門，（見元和郡縣圖志叁壹彭州導江縣灌口山西嶺有天彭闕條。）似亦可能，但詩言東奔，而彭州在洛陽之西南，既與地望不合。詩又云「自相殺」，以官軍平阡能，而謂之「自相殺」，復於措詞爲失體。故知彭門非指天彭門也。

考舊唐書壹捌貳時溥傳云：

> 時溥彭城人，徐之牙將。黄巢據長安，詔徵天下兵進討。中和二年（寅恪案，二年應作元年，岑氏校勘記失校。）武寧軍節度使支詳遣溥與副將陳璠率師五千赴難。行至河陰，軍亂，剽河陰縣迴。溥招合撫諭，其衆復集。懼罪，屯於境上。詳遣人迎犒，悉恕之。

溥乃移軍向徐州。既入，軍人大呼，推溥爲留後，送詳於大彭館。溥大出資裝，遣陳璠援詳歸京。詳宿七里亭，其夜爲璠所殺，舉家屠害。溥以璠爲宿州刺史。竟以違命殺詳，溥誅璠。（參考舊唐書壹玖下僖宗紀廣明元年九月條，新唐書玖僖宗紀，中和元年八月條。壹捌捌時溥傳及通鑑貳伍肆中和元年八月條等。）

崔致遠桂苑筆耕集代高駢所作書牒，關於汴路區域徐州時溥泗州于濤之兵争及運道阻塞之紀載甚多，俱兩唐書及通鑑等所未詳，實爲最佳史料。兹擇録於下，亦足徵當日徐淮之間軍事交通之情勢也。

桂苑筆耕集捌致泗州于濤常侍別紙略云：

況屬彭門叛亂，仍當汴路艱難，獨守危城，終摧敵壘。

同書玖致泗州于濤尚書別紙略云：

蠢彼徐戎，聚兹餘燼，敢侵貴境，再逞姦謀。

同書壹壹告報諸道徵促綱運書略云：

既裝運舡，將扣飛檝，言遵汴道，徑指圃田，必值徐戎，來侵淮口，扼斷河路，攻圍郡城。時溥罔遵詔旨，尚搆奸謀。去年曾犯淮山，今夏又侵泗水。乃作黄巢外應，久妨諸道進軍。先須剗當道之豺狼，後〔方〕可殄壞堤之螻蟻。冀使隋皇新路，楊柳含春，漢祖舊鄉，荆榛撲地。

同書同卷答徐州時溥書略云：

忽覩來示云：泗州獨阻淮河，自牢城壘，使四方多阻，諸道莫通。其於淮河久阻，道路不通，皆因貴府出兵，不是泗濱爲梗。是非可辨，遠近所聆。去歲夏初，早蒙侵伐，呼蟻軍於漣水，拒虎旅於淮山。

同書同卷答襄陽郄將軍書略云：

中和二年七月四日具銜高某謹復書於將軍閣下：某自去年春知寇侵秦甸，帝幸蜀川，欲會兵於大梁，遂傳檄於外鎮，練成軍伍，選定行期，便被武寧（寅恪案，武寧軍節度使治徐州。）忽興戎役，先侵泗境，後犯淮壖。細察徐州所爲，是作黄巢外應。不然，則何以每見當軍臨發，即將兇黨奔衝，又乃執稱泗濱，阻絶汴路，且臨淮（寅恪案，臨淮郡即泗州。）則城孤氣寡，劣保疲羸。彭門則地險兵强，恐行狂悖。以兹斟酌，可見端倪。況無諸道綱舡曾過泗州本路。今則皆因此寇，却滯諸綱。近則浙東浙西，遠則容府廣府，並未聆饋運，何濟急難。

又吴融唐英歌詩上有七言律詩三首，其題爲：

彭門用兵後經汴路。

又新唐書伍捌藝文志史部雜史類載：

鄭樵彭門紀亂三卷，原注龐勛事。

據此，彭門相殺之語及彭門與汴路之關係，可得其確解矣。

又「野色徒銷戰士魂，河津半是冤人血。」二句造語既不晦澀，用意尤爲深刻，信稱佳構。據舊唐書壹貳拾郭子儀傳略云：

子儀既謝恩上表，因自陳曰：〔臣〕東西十年，前後百戰。天寒劍折，濺血沾衣。野宿魂驚，飲冰傷骨。

則「野色徒銷戰士魂」句與郭表所云「野宿魂驚」之義相同，似可無須校改。然細繹上下文義，「野色」二字疑是「宿野」二字之譌倒，翟君謂「野色」丙本作「野宿」。據元和郡縣圖志玖河南道伍宿州條略云：

其地南臨汴河，有埇橋爲舳艫之會。（前文已引）

又同書同卷泗州條略云：

秦爲泗水郡地。漢興，改泗水爲沛郡。武帝分置臨淮郡。後漢下邳太守理此。自晉迄後魏並爲宿豫縣。宿遷縣。

> 春秋時宋人遷宿之地，晉立宿豫縣。寶應元年以犯代宗廟諱改爲宿遷縣。

新唐書叁捌地理志云：

> 泗州臨淮郡上，本下邳郡，治宿預。開元二十三年徙治臨淮。

則是「河津」爲汴河之津，「宿野」爲宿州或宿遷即泗州之野。故此二句俱指汴路區域，徐州時溥與泗州于濤之兵争。此乃依地理系統及歷史事實以爲推證，不得不然之結論。若有以説詩專主考據，以致佳詩盡成死句見責者，所不敢辭罪也。至「寃人」自當作寃死之人解，而周注謂「寃人」爲黄巢同里寃句之人，則似可不必，蓋「寃人」與「戰士」爲對文，寃字非地名也。

金陵，周注引唐書地理志江南道昇州縣本江寧爲釋。其實唐人亦稱節將治所潤州之丹徒爲金陵，詩中之金陵即指潤州之丹徒言。李衛公别集壹鼓吹賦序云：

> 余往歲剖符金陵。

李德裕曾任浙西觀察使，而潤州之丹徒爲浙西觀察使治所，故云剖符金陵。其餘例證，可參閲杜牧樊川詩集壹杜秋詩序，馮集梧注，及錢大昕廿二史考異壹柒下唐書方鎮表伍貞元三年分浙江東西爲二道條等。兹不備舉。端己中和三年在上元賦詩頗多，（見浣花集肆，及夏承燾君韋端己年譜。）因恐讀者於此句中金陵之語有所誤會，特附辨正於此。

## （乙）從長安至洛陽之路程

北夢瑣言陸以歌詞自娛條云：

蜀相韋莊應舉時，遇黄寇犯闕，著秦婦吟一篇。内一聯云：「内庫燒爲錦繡灰，大街踏盡公卿骨。」爾後公卿亦多垂訝，莊乃諱之，時人號秦婦吟秀才。他日撰家戒，内不許垂秦婦吟障子，以此止謗，亦無及也。

寅恪案，此事最爲可疑，以今日敦煌寫本之多，（除翟君所舉五本外，王重民君近影得巴黎圖書館伯希和號叁柒捌拾及叁玖伍叁兩本，故寅恪間接直接所得見者，共有七本。德化李氏尚藏一本，已售於日人，未得見，不知與所見之七本異同如何。）當時必已盛傳，足徵葆光子「時人號爲秦婦吟秀才」之言爲不妄。且此詩爲端己平生諸作之冠，而其弟藹所編之浣花集竟不收入，則端己「撰家戒不許垂秦婦吟障子」之説尤屬可信。但端己晚年所以深諱言此詩，要必有故，若如孫氏所指詩中「内庫燒爲錦繡灰，天街踏盡公卿骨」二句爲其主因，則似不然。何以言之？據舊唐書壹捌貳高駢傳載中和二年僖宗責駢之詔，亦引駢表中「園陵開毁，宗廟焚燒」之語。是當時朝廷詔書尚不以此爲諱，更何有於民間樂府所言之錦繡成灰，公卿暴骨乎。即以詩人之篇什論，杜子美諸將之「早時金盌出人間」即高千里之「園陵開毁」、

「洛陽宮殿化爲烽」，亦等於「宗廟焚燒」。豈子美可言「園陵開毀，宗廟焚燒」於廣德大曆之時，而端己不得言錦繡成灰，公卿暴骨於廣明中和之世耶？端己生平心儀子美，至以草堂爲居，浣花名集，豈得謂不識此義。即使此二句果有所甚忌諱，則删去之可也。或逕改易之，如唐才子傳作「天街踏盡卻重回」即羅氏疑爲端己避謗後所改者，亦無不可也。何至併其全篇而禁絶之。今端己取全篇而悉禁絶之者，可知其忌諱所在，有關全篇主要之結構，既不能删去，復無從改易，實不僅繫於此二句已也。然則其竟以内庫公卿一聯爲説者，乃不能顯言其故，遂作假託之詞耳。以是愈知其所諱之深，而用心之苦矣。

寅恪昔年曾與俞君論此，所疑殊不能釋。近日取兩唐書王重榮及楊復光傳，與秦婦吟所述從長安達洛陽之路程互證，并參以其他史籍，綜合推究，恍然若有所悟，於是假設一説，以求喜讀秦婦吟者之教正。

兹節録有關史籍之文於下：

舊唐書壹玖下僖宗紀云：

〔中和〕二年二月（通鑑繫此事於元年四月，詳見考異。）涇原大將唐弘夫，大敗賊將林言於興平，俘斬萬計。王處存率軍二萬徑入京城，賊僞遁去。京師百姓迎處存，歡呼叫譟。是日軍士無部伍，分佔第宅，俘掠妓妾。賊自灞上分門復入，處存之衆蒼黄潰亂，爲賊所敗。黄巢怒百姓歡迎處存，凡丁壯皆殺之，坊市爲之流血。自是諸軍退舍，賊鋒愈熾。

又同書壹捌貳王重榮傳云：

重榮知〔河中〕留後事，乃斬賊使，求援鄰藩。既而賊將朱温舟師自同州至，黄鄴之兵自華陰至，數萬攻之。重榮戒勵士衆，大敗之，獲其兵仗，軍聲益振。朝廷遂授節鉞，檢校司空。時中和元年夏也。俄而忠武監軍楊復光，率陳蔡之師萬人與重榮合。賊將李祥守華州，重榮合勢攻之，擒祥以徇。俄而朱温以同州降，賊既失同華，狂躁益熾。黄巢自率精兵數萬至梁田坡。時重榮軍華陰南，楊復光在渭北，犄角破賊，出其不意，大敗賊軍。

又同書壹捌肆宦官傳楊復光傳云：

時秦宗權叛〔周〕岌，據蔡州。復光得忠武之師三千入蔡州，説宗權，俾同義舉。宗權遣將王淑率衆萬人，從復光收荆襄。次鄧州，王淑逗留不進，復光斬之，併其軍，分爲八都。鹿晏弘、晉暉、李師泰、王建、韓建等，皆八都之大將也。進攻南陽，賊將朱温、何勤來逆戰，復光敗之，進收鄧州，獻捷行在，中和元年五月也。復光乘勝追賊至藍橋，丁母憂還。尋起復，受詔充天下兵馬都監，押諸軍入定關輔。王重榮爲東面招討使，復光以兵會之。

又同書貳佰下黄巢傳略云：

時京畿百姓皆砦於山谷，累年廢耕耘。賊坐空城，賦輸無入，穀食騰踊，米斗三十千。官軍皆執山砦百姓鬻於賊爲食，人獲數十萬。〔中和〕二年王處存合忠武之師，敗賊將尚讓，乘勝入京師，賊遁去。處存不爲備，是夜復爲賊寇襲，官軍不利。賊怒坊市百姓迎王師，乃下令洗城，丈夫丁壯殺戮殆盡，流血成渠。

新唐書壹捌柒王重榮傳云：

即拜檢校工部尚書，爲節度使。會忠武監軍楊復光率陳蔡兵萬人屯武功，重榮與連和擊賊將李祥於華州，執以徇。賊使尚讓來攻，而朱温將勁兵居前，敗重榮兵於西關門，於是出兵夏陽，掠河中漕米數十艘。重榮選兵三萬攻温，温懼，悉鑿舟沉於河，遂舉同州降。復光欲斬之，重榮曰：今招賊，一切釋罪。且温武鋭可用，殺之不祥。表爲同華節度使。有詔即副河中行營招討，賜名全忠。〔黄〕巢喪二州，怒甚，自將精兵數萬壁梁田。重榮軍華陰，復光軍渭北，犄角攻之，賊大敗。

又同書貳佰柒宦者傳上楊復光傳云：

俄起爲天下兵馬都監，總諸軍，與東面招討使王重榮并力定關中。

舊唐書壹玖下僖宗紀云：

中和元年九月，楊復光王重榮以河西（中？）昭義忠武義成之師屯武功。

通鑑貳伍肆云：

中和元年〔九月〕辛酉，忠武監軍楊復光屯武功。

北夢瑣言玖李氏女條云：

唐廣明中黄巢犯闕，大駕幸蜀，衣冠蕩析，寇盜縱横。有西班李將軍女，奔波隨人，迤邐達興元。骨肉分散，無所依託。適值鳳翔奏將軍董司馬者，乃晦其門閥，以身託之，而性甚明敏，善於承奉，得至於蜀。尋訪親眷，知在行朝，始謂董生曰：喪亂之中，女弱不能自濟，幸蒙提挈，以至於此。失身之事，非不幸也。人各有偶，難爲偕老，請自此辭。董生驚愕，遂下其山矣。識者謂女子之智亦足稱也。見劉山甫閑談。（寅恪案，閩從事劉山甫撰金溪閑談拾貳卷，即見北夢瑣言。）

寅恪案，秦婦吟中述一婦人從長安東奔往洛陽，其行程即端己所親歷也。依秦婦吟所述，此婦之出長安，約在中和二年二月所謂「黄巢洗〔長安〕城」之後。蓋長安經此役後，凡非巢黨，殊難苟存。端己之出長安，亦當在此相距不久之時。但即在此前或此後，大多數之避難者，其從長安東奔之路線，應亦與詩中所言者不殊。此觀於平時交通之情況，可以推知者也。北夢瑣言李氏女條所紀，亦當日避難婦女普遍遭遇，匪獨限於李氏女一人也。由是言之，秦婦吟之秦婦，無論其是否爲端己本身之假託，抑或實有其人，所經行之路線，則非有二，金溪閑談之李氏女，即使其非從長安西奔達成都，（若由此路，則唐人謂之南奔也。）而從長安東奔達洛陽，但由此路線避難之婦女，所遭遇之情勢，亦應有與金溪閑談所述者，略相近似。據舊唐書楊復光傳，王重榮爲東面招討使，復光以兵會之。又據兩唐書王重榮傳，復光與重榮合攻李祥於華州，及重榮軍華陰復光軍渭北，犄角敗賊。是從長安東出奔於洛陽者，如秦婦吟之秦婦，其路線自須經近楊軍防地。復依舊唐書僖宗紀新唐書王重榮傳及通鑑中和元年〔九月〕之紀事，復光屯軍武功，則從長安西出奔於成都者，如金溪閑談之李氏女，其路線亦須經近楊軍防地，而楊軍之八都大將之中，前蜀創業垂統之君，端己北面親事之主（王建）即是其一。其餘若晉暉李師泰之徒，皆前日楊軍八都之舊將，後來王蜀開國之元勳也。當時復光屯軍武功，或會兵華渭之日，疑不能不有如秦婦避難之人，及李女委身之事。端己之詩，流行一世，本寫故國亂離之慘狀，適觸新朝宮闈之隱情。所以諱莫如深，志希免禍，以生平之傑構，古今之至文，而竟垂戒子孫，禁其傳布者，其故儻在斯歟？儻在斯歟？

## （丙）詩句校釋

其關於詩中文句之校釋，尚有須略綴數語，申述鄙見者，列舉如下。至其他校釋，已見諸校本而可信從，或無關重要者，皆不贅述。

詩云：

> 翻持象笏作三公，倒佩金魚爲兩史。

周注云：

> 兩史爲柏臺，（御史大夫）蘭省（御史中丞）也。

寅恪案，通典貳壹職官典叁宰相門中書令條略云：

> 隋初改中書爲内史，置監令各一人，尋廢監置令二人。大唐武德初爲内史令。三年改爲中書令，亦置二人。龍朔二年改爲右相。

據此，兩史與三公爲對文，自指宰相而言。若御史中丞則官階僅正四品下，職位太卑，非端己詩意也。

詩云：

> 昨日官軍收赤水，赤水去城一百里。

寅恪案，水經注壹玖渭水篇云：

> 逕望仙宫東，又北與赤水會。

據此，并參考楊守敬水經注地圖第肆册南伍卷南伍西伍上，準諸地望，此二句與舊唐書僖宗紀所紀：

> 〔中和〕二年二月，涇原大將唐弘夫大敗賊將林言于興平，俘斬萬計。

之事適合。

詩云：

> 逡巡走馬傳聲急，又道官軍全陣入。大彭小彭相顧憂，二郎四郎抱鞍泣。

寅恪案，安友盛本作「官軍」，似較他本之作「軍前」者爲佳。下文云「又道官軍悉敗績」可證也。又王氏校本云：

> 「彭」倫敦殘本作「臺」，巴黎圖書館伯希和號叁柒捌拾作「大鼓」。

寅恪案，「臺」及「鼓」皆是「彭」之形譌，自不可據以校改。但「大彭小彭」語不易解，周注云：

> 「大彭小彭」謂黄巢部下之將時溥及秦彦。

蓋據舊唐書時溥秦彦傳，二人皆彭城人也。又云：

「二郎四郎」即謂黃巢及弟揆。

舉兩唐書黃巢傳爲證。

寅恪案，舊唐書壹捌貳時溥傳，前於論從洛陽東奔路程一節中已詳引，茲不複録，僅就秦彦傳取與時溥傳并觀，以見周説之難通。舊唐書壹捌貳高駢傳附秦彦傳略云：

秦彦者，徐州人。聚徒百人，殺下邳令取其資裝入黃巢軍。巢兵敗於淮南，乃與許勍俱降高駢，累奏授和州刺史。中和二年宣歙觀察使竇潏病，彦以兵襲取之，遂代潏爲觀察使，朝廷因而命之。

據此，時溥雖高駢謂其爲黃巢外應，（見前引桂苑筆耕集壹壹，告報諸道徵促綱運書及答襄陽郄將軍書。）是否詆誣之詞，猶待考實。但其始終未作黃巢部下之將，則事跡甚明。秦彦雖一度入黃巢軍，中和二年二月以前，早已降於高駢，奏授和州刺史。故以時地考之，中和二年二月時溥在徐州，秦彦在和州或宣州，（秦彦襲取宣州事，通鑑繫於中和二年之末，蓋難定其日月也。）二人既均不在長安，又俱非黃巢部將，何得在圍城之中，聞官軍將入而相顧以憂乎。

故知「大彭小彭」必不謂秦彦時溥。「二郎四郎」疑與「大彭小彭」同是泛稱，非實指黃巢黃揆也。

蘇鶚蘇氏演義上云：

俗呼奴爲邦，今人以奴爲家人也。凡邦家二字多相連而用。時人欲諱家人之名，但呼爲邦而已，蓋取用於下字者也。又云：僕者皆奴僕也，但論語云：邦君樹塞門。樹猶屏也。不言君但言邦，此皆委曲避就之意也。今人奴拜多不全其禮，邦字從半拜，因以此呼之。（此文疑有脱誤，俟求善本校之。）

李匡乂資暇集下奴爲邦條云：

呼奴爲邦者，蓋舊謂僮僕之未冠者曰豎。人不能直言其奴，因號奴爲豎。高歡東魏用事時，相府法曹卒（寅恪案，卒當作辛，見北齊書貳肆北史伍伍杜弼傳。）子炎（？）誤犯歡奴杖之。歡諱樹而威權傾於鄴下，當是郡（羣？）寮以豎同音，因目奴爲邦，義取邦君樹塞門，以句内有樹字，假豎爲樹，故歇後爲言，今兼删去君字呼之。一説邦字類拜字，言奴非唯郎主，是賓則拜。（此文疑有脱誤，俟求善本校之。）

寅恪案，蘇氏諱家人爲邦，李氏避高歡父樹生諱之説，雖未必可從，但德祥爲光啓中進士，（見晁公武郡齋讀書志叁下。）濟翁亦唐末人，與端己所處時代近同，且德祥居武功之杜陽川，（亦見晁志。）濟翁所述，又顯爲山東之俗，則當時呼奴爲邦，東西皆然。夫俗語之用，原無定字，彭邦二音相近，故書爲邦者，宜亦得書爲彭。是韋詩中之俗語，似可以蘇李書中所記當時之音義釋之，然則「大彭小彭」者，殆與大奴小奴同其義也。

又舊唐書玖陸宋璟傳云：

當時（武則天時。）朝列皆以二張内寵不名官，呼易之爲五郎，昌宗爲六郎，天官侍郎鄭善果（據通鑑考異壹壹長安三年九月鄭杲謂宋璟奈何卿五郎條應作鄭杲。）謂璟曰：中丞奈何呼五郎爲卿？璟曰：以官言之，正當爲卿。若以親故，當爲張五。足下非易之家奴，何郎之有？鄭善果一何懦哉？

通鑑貳佰柒唐紀則天后紀長安三年九月鄭杲謂宋璟奈何卿五郎條胡注云：

門生家奴呼其主爲郎，今俗猶謂之郎主。

蓋奴呼主爲郎，主呼奴爲邦，或彭。故端己以此二者對列，極爲工整自然。可知此二句詩意，只謂主人及奴僕，即舉家上下全體憂泣而已，非有所實指也。

詩云：

四面從茲多厄束，一斗黄金一升粟。尚讓廚中食木皮，黄巢机上刲人肉。

升粟，羅氏校本作斗粟，王氏及翟君校本作升粟。巴黎圖書館伯希和號叁柒捌拾及叁玖伍叁俱作勝粟，周君箋注本從羅校作斗粟。

寅恪案，作斗粟雖亦可通，作升粟者疑是端己之原文。考唐人以錢帛估計米粟之價值時，概以斗言。故斗粟或斗米值若干，乃當時習用之成語。兹列舉例證，如舊唐書柒肆馬周傳，唐會要捌叁租税上皆載貞觀十一年周上疏云：

貞觀之初，率土荒儉，一匹絹纔得一㪷米，而天下帖然。

舊唐書捌玄宗紀上云：

〔開元十三年〕十二月己巳，至東都，時累歲豐稔，東都米㪷十錢，青齊米㪷五錢。

又同書壹壹代宗紀云：

永泰元年三月庚子，夜降霜，木有冰，歲饑，米斗千錢，諸穀皆貴。秋七月庚子，雨。時久旱，京師米斗一千四百，他穀稱是。

又同書壹壹肆魯炅傳云：

〔南陽郡〕城中食盡，煮牛皮筋角而食之，米㪷至四五十千。

又同書壹貳叁劉晏傳云：

時新承兵戈之後，中外艱食，京師米價斗至一千。

又同書壹捌貳高駢傳云：

既而蔡賊楊行密自壽州率兵三萬乘虛攻〔揚州〕城，城中米㪷五十千。

又同書貳佰上安禄山附慶緒傳云：

〔相州〕城中人相食，米斗錢七萬餘。

又同書貳佰下黄巢傳（前文已引。又通鑑貳伍肆中和二年條亦略同。）云：

穀食騰踊，米斗三十千。

新唐書伍壹食貨志略云：

貞觀初，户不及三百萬，絹一匹易米一斗，至四年米斗四五錢。及兩京平，又於關輔諸州納錢度道士僧尼萬人，而百姓殘於兵盜，米斗至錢七千。

又同書伍叁食貨志云：

貞元初關輔宿兵，米斗千錢。

又同書玖柒魏徵傳云：

于是帝（太宗）即位四年，歲斷死二十九，幾至刑措，米斗三錢。

又同書壹肆柒魯炅傳云：

〔南陽郡〕城中食盡，米斗五十千。

又同書壹肆玖劉晏傳云：

時大兵後，京師米斗千錢。

又同書貳貳伍上安禄山傳附慶緒傳云：

決安陽水灌〔相州〕城，城中棧而處，糧盡易口以食，米斗錢七萬餘。

陸宣公諫苑集奏議貳，請減京東水運收脚價於緣邊州鎮蓄儲軍糧狀略云：

故承前有用一斗錢運一斗米之言，至使流俗過言，有用一斗錢運一斗米之說。

又同集奏議叁，請依京兆所請折納事狀云：

度支續奏，稱據時估豌豆每斗七十價已上，大豆每斗三十價已下。

王楙野客叢書捌云：

嵇叔夜養生論曰：「夫田種者一畝十斛，謂之良田，此天下之通稱也。」不知區種可百餘斛，安有一畝收百斛之理？前漢書食貨志曰：「治田勤則畝益三升，不勤損亦如之。」一畝而損益三升，又何其寡也。僕嘗以二說而折之理，俱有一字之失。嵇之所謂斛，漢之所謂升，皆斗字耳。蓋漢之隸文書斗爲라，字文絕似升字。漢史書斗字爲㪷字，字文又近於斛字，恐皆傳寫之誤。

又劉復君敦煌掇瑣中輯陸陸，天寶四載豆盧軍和糴帳所載之斗估，除二處外，餘悉誤作升估，以致計算幾全不合。寅恪初頗致疑，以未見原寫本，不敢臆斷。後承賀昌羣君告以古人所書斗升二字，差別至微，故易於誤認，并舉其近日讀漢簡之經驗爲例。寅恪復證以劉書之幸而未誤之一字，即第貳陸壹頁叁行之斗字，係依原寫之形，尚未改易者，遂豁然通解。然則端己此詩若依羅氏校本作一斗黄金一斗粟，猶是唐人常語，不足爲奇。今作一斗黄金一升粟，則是端己故甚其詞，特意形容之筆，此一字頗關重要，因恐讀者等閒放過，遂詳引史籍以闡明之。又以敦煌寫本之故，聯類牽及校正敦煌掇瑣之誤，附識於此。

復次，唐人寫本之多作㪷勝者，乃因斗升二字形近易誤之故。今巴黎圖書館伯希和號叁柒捌拾及叁玖伍叁俱作勝粟，尤足證端己詩本作升粟，而非斗粟也。至其他舊籍中升斗二字之誤者，尚可多舉例證，以其關係較遠，且前所舉諸例已足證明，故不復詳具焉。

又道藏洞玄部記傳類（第叁貳柒册恭上）杜光庭録異記叁忠（此條承周一良先生舉以見告者。）略云：

僖宗幸蜀，黄巢陷長安，南北臣僚奔問者相繼。無何，執金吾張直方與宰臣劉鄴于悰諸朝士等，潛議奔行朝，爲羣盜所覺，誅戮者至多。自是阸束，内外阻絶。京師積糧尚多，巧工劉萬餘〔等〕竊相謂曰：「大寇所向無敵，京師貯糧甚多，雖諸道不賓，外物不入，而支持之力，數年未盡。吾黨受國恩深，志效忠赤，而飛竄無門，皆爲逆黨所使。吾將貢策，請絶其糧。外貨不至，内食既盡，不一二年，可自敗亡矣。」萬餘，黄巢憐其巧性，常侍直左右。因從容言曰：「長安苑囿城隍，不啻百里。若外兵來逼，須有禦備。不爾，固守爲難，請自望仙門以北，周玄武白虎諸門，博築城池，置樓櫓却敵，爲禦捍之備，有持久之安也。」黄巢喜，且賞其忠節。即日使兩街選召丁夫各十萬人築城。人支米二升，錢四十文。日計左右軍支米四千石，錢八千貫。歲餘功不輟，而城未周。以至於出太倉穀以支夫食，然後剥榆皮而充御廚。城竟不就。萬餘懼賊覺其機，出投河陽，經年卒。

寅恪案，杜記韋詩所言多足參證，而「陒束」及「剥榆皮而充御廚」等語，尤可注意。豈以時地相同，廣成浣花兩作品之間，亦有關係耶？

詩云：

六軍門外倚僵尸，七架營中填餓殍。

翟君云，乙本架作策，其他校本皆作架。巴黎圖書館伯希和號叁柒捌拾作賈，旁注架。

翟君又云：

七架營之地址不可考，惟長安志卷六有七架亭，在禁苑中，去宫城十三里，在長安故城之東，未知即其地否。

寅恪案，穆天子傳壹云：

天子乃樂□賜七萃之士戰。

郭注云：

萃，集也，亦猶傳有輿大夫，皆聚集有智力者，爲王之爪牙也。故七萃即禁軍之義，唐人文中頗習用之。如白氏長慶集叁陸駙馬都尉鄭何除右衛將軍制云，「周設七萃」，同集叁柒除户部尚書王泌充靈鹽節度使制云，「且司七萃」，李衛公會昌一品集别集陸，扶風馬公（存亮）神道碑銘云，「取材能於七萃」等，皆是其例，不待多舉。然則策字架字俱爲萃字之形誤，而賈字又係架音之譌轉也。蓋六軍門外，七萃營中，皆相對爲文，若作七架營，則不可解矣。

詩云：

路旁試問金天神，金天無語愁於人。

翟君謂丁本金天神下有注云，華嶽三郎。寅恪案，周注引西嶽華山志，黄仲琴君引逸史金天王葉仙師事，（中山大學文史月刊第壹卷第伍期秦婦吟補注）皆是也。但均未徵引最初出典，兹特迻録唐大詔令集柒肆典禮類嶽瀆山川門先天二年八月二日封華岳神爲金天王制，以資參考。制云：

門下惟岳有五，太華其一。表峻皇居，合靈興運。朕惟恭膺大寶，肇業神京，至誠所祈，神契潛感。頃者亂常悖道，有甲兵而竊發。仗順誅逆，猶風雨之從助。永言幽贊，寧忘仰止。厥功茂矣，報德斯存。宜封華岳神爲金天王。仍令龍景觀道士鴻臚卿員外置越國公葉法善，備禮告祭，主者施行。

詩云：

旋教魘鬼傍鄉村，誅剥生靈過朝夕。

寅恪案，安友盛寫本作魘。其有作魔者非是。何以言之，據北夢瑣言壹壹關三郎入關條云：

唐咸通亂離後，坊巷訛言關三郎鬼兵入城，家家恐悚。罹其患者，令人寒熱戰慄，亦無大苦〔弘〕農楊玭挈家自駱谷路入洋源，行及秦嶺，回望京師，乃曰，此處應免關三郎相隨也。語未終，一時股慄。斯又何哉。夫喪亂之間，陰厲旁作，心既疑矣，邪亦隨之，關妖之説正謂是也。愚幼年曾省故里，傳有一夷，迷（據端己詩「天遣時災非自由」語，「迷」字疑當作「遣」）鬼魘人，閭巷夜聚以避之，凡有窗隙悉皆塗塞。其鬼忽來即撲人驚魘。須臾而止。

則知端己所謂「旋教魘鬼傍鄉村」即瑣言所謂「陰厲旁作」及「傳有一夷，遣鬼魘人」也。又王劉修業夫人秦婦吟校勘續記（學原第壹卷第柒期。）謂丁巳兩本「金天神」，下注「華岳三郎」四字，而端己詩「天（「天」即金天神之「天」）遣時災非自由」及「旋教魘鬼傍鄉村」與瑣言所記者適合，是華岳三郎與關三郎實非有二，明矣。至華岳三郎亦可稱關三郎之故，豈亦潼關距華岳不遠，三郎遂亦得以關爲號耶？俟考。

金天神一節之本旨，在述當時「時災」即時疫流行之事，其責望山東藩鎮之殘民肥己不急國難如高駢者，尚爲附帶之筆。至以此節乃指斥僖宗爲言者，鄙意不然。蓋以避黄巢之士人如端己，獻詩爲質於忠於唐室之大臣如周寶，豈肯作斯無君之語，轉自絶其進謁之路者乎？此説甚乖事理，必非端己詩旨，不待詳辨也。

詩云：

前年又出楊震關，舉頭雲際見荆山。如從地府到人間，頓覺時清天地閑。

寅恪案，此言脱出黄巢勢力範圍，轉入别一天地。實爲端己痛定思痛之語，其感慨深矣。端己取道出關，途中望見荆山，遂述及荆山所在地之陝虢主帥能保境安民，此亦聯想措詞之妙也。據漢書陸武帝紀云：

〔元鼎〕三年冬徙函谷關於新安。（應劭曰，時樓船將軍楊僕數有大功，恥爲關外民。上書乞徙東關，以家財給其用度。武帝意亦好廣闊。於是徙關於新安，去弘農三百里。）

又據水經注壹伍洛水篇云：

洛水自枝瀆又東出關，惠水右注之。世謂之八關水。戴延之西征記謂之八關澤，即經所謂散關鄣，自南山横洛水，北屬於河，皆關塞也，即楊僕家僮所築矣。

及同書壹陸穀水篇云：

穀水又東逕函谷關南，東北流，皁澗水注之。水出新安縣東，南流逕毌丘興墓東，又南逕函谷關西，關高險陿，路出廛郭。漢元鼎三年樓船將軍楊僕數有大功，恥居關外，請以家僮七百人築塞，徙關於新安，即此處也。

又元和郡縣圖志陸河南府新安縣條略云：

本漢舊縣，屬弘農郡。

函谷故關在縣東一里，漢武帝元鼎三年爲楊僕徙關于新安。今縣城之東有南北塞垣，楊僕所築。及同書柒虢州湖城縣條云：

荆山在縣南，即黄帝鑄鼎之處。

然則楊僕關正在新安之地，與下文「明朝又過新安東」之句行程地望皆相符合。頗疑「楊震關」乃「楊僕關」之譌寫，殆由傳寫者習聞東京之「關西夫子楊伯起」，（見後漢書捌肆楊震傳。）而不知有西京之樓船將軍，遂以致誤耶？

詩云：

明朝又過新安東，路上乞漿逢一翁。

又云：

鄉園本貫東畿縣，歲歲耕桑臨近甸。歲種良田二百廛，年輸户税三千萬。小姑慣織褐絁袍，中婦能炊紅黍飯。

寅恪案，元和郡縣圖志伍河南道壹河南府條云：

新安縣畿

據此，新安縣爲隸屬東都河南府之畿縣。此老翁既遇於新安以東之路上，自是新安縣或河南府籍，故曰「鄉園本貫東畿縣」也。周注引唐書方鎮表至德元載置東畿觀察使，領懷、鄭、汝、陝四州，未諦。「年輸户税三千萬」句，翟君謂「羅校易千爲十，似是」。寅恪案，羅氏意三千萬爲數太多，故易以三十萬，不知詩尚有：

明朝曉至三峯路，百萬人家無一户。

之句，其實三峯之下，豈有百萬户乎，詞人之數字，僅代表數量衆多而已，不必過於拘泥也。所可注意者，良田二百廛，及户税三千萬一聯，正指唐代地户兩税。據唐會要捌叁租税上略云：

大曆四年正月十八日敕，天下及王公已下，自今已後，宜准度支長行旨條，每年税錢上上户四千文，下下户五百文。

則廣明以後，當更有增益，而周注引通典武德元年詔上户丁税年輸十文之語，謂：

原本作三千萬，數過多，羅校易千爲十，似是。户税三十萬則有三萬户。

據通典陸賦稅下大唐條云：

蕃人（册府元龜作蕃胡乃原文未經改易者。）内附者，上户丁税錢十文，次户五文，下户免之。

然則通典此節乃專指蕃胡内附者而言，不可以概括當時一般税率。況廣明以後，一般税率當更較大曆時增多，豈可以武德時内附蕃胡之税率以計算廣明一般平民之户數乎？丁、戊兩本作「褐絁袍」，他本作「褐絶袍」，羅王校本皆易「絶」爲「絁」。

寅恪案，作「絁」是也。據敦煌掇瑣中輯陸陸，載天寶四載和糴准旨支二萬段出武威（威）郡帳内，有伍佰伍拾匹河南府絁。此翁本貫河南府新安縣，則「絶」之校改作「絁」，信有明徵矣。又近人秦婦吟之解釋，及韋氏年譜之編載，鄙見尚有不敢苟同者。以其無關本篇主旨，故不一一致辨，特拈端已所以諱言秦婦吟之公案，以待治唐五代文學史者之參究。

# 狐臭與胡臭

中古華夏民族曾雜有一部分之西胡血統，近世學人考證之者，頗亦翔實矣。寅恪則疑吾國中古醫書中有所謂腋氣之病，即狐臭者，其得名之由，或與此端有關，但平生於生理醫藥之學絶無通解，故不敢妄説，僅就吾國古來腋氣之異稱，及舊籍所載有腋氣之人，其家世種族兩點，略舉事例，聊供談助而已，尚希讀者勿因此誤會以爲有所考定。幸甚幸甚！

隋巢元方諸病源候總論伍捌小兒雜病諸候陸狐臭條云：

人有血氣不和，腋下有如野狐之氣，謂之狐臭，而此氣能染，易著於人。小兒多是乳養之人先有此病，染著小兒。

寅恪案，腋氣今仍稱狐臭，如報紙藥品廣告及世俗語言中猶常見之。其得名之由，依巢氏之言，以爲「有如野狐之氣」，義自可通。但今日國人嘗遊歐美者，咸知彼土之人當盛年時，大抵有腋氣，必非血氣不和。其與染著無涉，更不待言也。

唐孫真人思邈千金要方柒肆之玖胡臭漏腋第伍論曰：

有天生胡臭者，爲人所染胡臭者。天生臭者難治，爲人所染者易治。

寅恪案，南宋楊士瀛仁齋直指有腋下胡氣之目，李時珍本草綱目壹壹金石類緑礬條附方中亦引之。「胡臭」之「胡」，自是胡人之「胡」，蓋古代「胡」「狐」二字雖可通用，但在千金方仁齋直指本草綱目編著之時，既不可認「胡」爲「狐」之同音假借，而諸書俱作「胡」，不作「狐」，亦不得謂以音近之故，傳寫致譌。然則腋氣實有「狐臭」及「胡臭」不同之二名可知也。惟二名孰較原始與正確，頗不易決。考唐崔令欽教坊記云：

范漢女大娘子亦是竿木家，開元二十一年出内，有姿媚，而微愠羝。

文下原注云：

謂腋氣也。

寅恪案，范漢女大娘子其先代之男女血統，無從得知，但竿木之伎本附屬於唐代立部伎之雜戲及柘枝舞者，而此種伎舞乃中央亞細亞輸入我國藝術之一，其伎舞之人，初本西胡族類，又多世擅其業者也。（詳舊唐書貳玖音樂志貳，史浩鄮峯真隱漫録肆伍柘枝舞大曲附柘枝舞小考等，兹不贅述。）據此，則范漢女大娘子之血統，殊有西胡人種混雜之可能。其「微愠羝」者，或亦先世西胡血統遺傳所致耶？五代何光遠鑑誡録肆斥亂常條云：

賓貢李珣，字德潤，本蜀中土生波斯也。少小苦心，屢稱賓貢。所吟詩句往往動人。尹校書鶚者，錦城烟月之士，與李生長爲善友，遽因戲遇嘲之，李生文章掃地而盡。詩曰：異域從來不亂常，李波斯强學文章。假饒折得東堂桂，胡臭薰來也不香。

北宋黄休復茅亭客話貳李四郎條云：

> 李四郎名玹，字廷儀。其先波斯國人，隨僖宗入蜀，授率府率。兄珣有詩名，預賓貢焉。玹舉止温雅，頗有節行，以鬻香藥爲業，善弈棋，好攝養，以金丹延駐爲務。暮年以爐鼎之費，家無餘財，唯道書藥囊而已。

寅恪案，何黄兩書皆謂珣出自波斯，且其兄玹又以鬻香藥爲業。故珣爲西胡血統，絶無可疑。至珣本身是否實有腋氣，抑尹鶚僅假「胡臭」之名以爲譏笑，誠難確定。但鑑誡録之作「胡臭」，足與千金方仁齋直指本草綱目等書互相印證，而李珣本人則因此條記載之故，亦發生體有腋氣之嫌疑也。

總之，范漢女大娘子雖本身實有腋氣，而其血統則僅能作出於西胡之推測。李珣雖血統確是西胡，而本身則僅有腋氣之嫌疑。證據之不充足如此，而欲依之以求結論，其不可能，自不待言。但我國中古舊籍，明載某人體有腋氣，而其先世男女血統又可考知者，恐不易多得。即以前述之二人而論，則不得謂腋氣與西胡無關。疑此腋氣本由西胡種人得名，迨西胡人種與華夏民族血統混淆既久之後，即在華人之中亦間有此臭者，儻仍以胡爲名，自宜有人疑爲不合。因其復似野狐之氣，遂改「胡」爲「狐」矣。若所推測者不謬，則「胡臭」一名較之「狐臭」，實爲原始，而且正確歟？又孫思邈生於隋代，與巢元方爲先後同時之人，故不可據巢書作「狐臭」而孫書作「胡臭」，遽謂「狐臭」之稱尚先於「胡臭」也。世之考論我國中古時代西胡人種者，止以高鼻深目多鬚爲特徵，未嘗一及腋氣，故略舉事例，兼述所疑如此。

原載一九三七年六月清華大學文學會編「語言與文學」

# 徐高阮重刊洛陽伽藍記序

寅恪昔年嘗與徐君高阮論六朝人合本子注之書，因舉洛陽伽藍記爲例證。徐君謂鄙説不謬，遂校定楊記。近得來書云，將刊行之，以質諸世之通識君子，並徵序言。寅恪請更推論，以復徐君，不知徐君於意云何？裴世期受詔采三國異同，以注陳志。其自言著述之旨，以爲注記紛錯，每多舛互。凡承祚所不載，而事宜存録者，則罔不畢取，以補其闕。又同説一事，而辭有乖雜，或出事本異，而疑不能判者，則並皆抄内，以備異聞。據此言之，裴氏三國志注實一廣義之合本子注也。劉孝標世説新書注，經後人删略，非復原本。幸日本猶存殘卷，得藉以窺見劉注之舊，知其書亦廣義之合本子注也。酈善長之注水經，其體製蓋同裴劉，而此書傳世，久無善本。雖清儒校勘至勤，蔚成顯學，惜合本子注之義，迄未能闡發。然則徐君是本之出，不獨能恢復楊記之舊觀，兼可推明古人治學之方法。他日讀裴劉酈三家之書者，寅恪知其必取之以相參證無疑也。

一千九百四十八年歲次戊子三月十五日陳寅恪書於北平清華園

# 朱延豐突厥通考序

朱君延豐前肄業清華大學研究院時，成一論文，題曰突厥通考。寅恪語朱君曰，此文資料疑尚未備，論斷或猶可商，請俟十年增改之後，出以與世相見，則如率精鋭之卒，摧陷敵陣，可無敵於中原矣。蓋當日欲痛矯時俗輕易刊書之弊，雖或過慎，亦有所不顧也。朱君不以鄙見爲不然，遂藏之篋中，隨時修正。迄於今日，忽已十年。值南海戰起，寅恪歸自香港，寄居雁山，朱君從三台東北大學以書來告曰，前所爲突厥通考已詳悉補正，將刊布於世，願得一言以爲序引。寅恪平生治學，不甘逐隊隨人，而爲牛後。年來自審所知，實限於禹域以内，故僅守老氏損之又損之義，捐棄故技。凡塞表殊族之史事，不復敢上下議論於其間。轉思處身局外，如楚得臣所謂馮軾而觀士戲者。是今日之不欲更置詞於是書之篇首而侈言得失，亦已明矣。雖然，曩以家世因緣，獲聞光緒京朝勝流之緒論。其時學術風氣，治經頗尚公羊春秋，乙部之學，則喜談西北史地。後來今文公羊之學，遞演爲改制疑古，流風所被，與近四十年間變幻之政治，浪漫之文學，殊有連繫。此稍習國聞之士所能知者也。西北史地以較爲樸學之故，似不及今文經學流被之深廣。惟默察當今大勢，吾國將來必循漢唐之軌轍，傾其全力經營西北，則可以無疑。考自古世局之轉移，往往起於前人一時學術趨向之細微。迨至後來，遂若驚雷破柱，怒濤振海之不可禦遏。然則朱君是書乃此日世局潮流中應有之作。從事補正，既歷十年之久，宜其不可更遲刊行，以與世相見，而寅恪今雖如退院老僧，已不躬預擊鼓撞鐘，高唱伽陀之盛集，但以嘗與朱君初治西北民族史之時，一相關涉，終亦不得不勉徇其請，爲置一詞，以述是書遲延刊布之所由也。龔自珍詩云，但開風氣不爲師。寅恪之於西北史地之學，適同瑟人之所志，因舉其句，爲朱君誦之。兼藉以告竝世友朋之欲知近日鄙狀者。

一九四二年歲次壬午三月一日陳寅恪書於桂林雁山別墅

# 俞曲園先生病中囈語跋

曲園先生病中囈語不載集中，近頗傳於世。或疑以爲僞，或驚以爲奇。疑以爲僞者固非，驚以爲奇者亦未爲得也。天下之至賾者莫過於人事，疑若不可以前知。然人事有初中後三際（借用摩尼教語），猶物狀有線面體諸形。其演嬗先後之間，即不爲確定之因果，亦必生相互之關係。故以觀空者而觀時，天下人事之變，遂無一不爲當然而非偶然。既爲當然，則因有可以前知之理也。

此詩之作，在舊朝德宗景皇帝庚子辛丑之歲，蓋今日神州之世局，三十年前已成定而不可移易。當時中智之士莫不惴惴然睹大禍之將届，況先生爲一代儒林宗碩，湛思而通識之人，值其氣機觸會，探演微隱以示來者，宜所言多中，復何奇之有焉！

嘗與平伯言：「吾徒今日處身於不夷不惠之間，託命於非驢非馬之國，其所遭遇，在此詩第貳第陸首之間，至第柒首所言，則邈不可期，未能留命以相待，亦姑誦之玩之，譬諸遥望海上神山，雖不可即，但知來日尚有此一境者，未始不可以少紓憂生之念。然而其用心苦矣。」

鍾離意別傳（見後漢書列傳叁壹鍾離意傳章懷注所引）略云：「意爲魯相，〔發〕孔子教授堂下牀首所懸甕中素書，文曰，後世修吾書董仲舒。」所言記莂名字，失之太鑿，不必可信。而此詩末首曰：「略將數語示兒曹。」然則今日平伯之録之詮之者，似亦爲當時所預知。此殆所謂人事之當然而非偶然者歟？戊辰三月義甯陳寅恪敬識。

清華週刊第三七卷第二期（五二九號）一九三二年三月五日版

# 讀吴其昌撰梁啓超傳書後

任公先生殁將二十年，其弟子吴子馨君其昌，始撰此傳。其書未成，僅至戊戌政變，而子馨嘔血死。傷哉！任公先生高文博學，近世所罕見。然論者每惜其與中國五十年腐惡之政治不能絕緣，以爲先生之不幸。是說也，余竊疑之。嘗讀元明舊史，見劉藏春姚逃虚皆以世外閒身而與人家國事。况先生少爲儒家之學，本董生國身通一之旨，慕伊尹天民先覺之任，其不能與當時腐惡之政治絕緣，勢不得不然。憶洪憲稱帝之日，余適旅居舊都，其時頌美袁氏功德者，極醜怪之奇觀。深感廉恥道盡，至爲痛心。至如國體之爲君主抑或民主，則尚爲其次者。迨先生「異哉所謂國體問題者」一文出，摧陷廓清，如撥雲霧而覩青天。然則先生不能與近世政治絕緣者，實有不獲已之故。此則中國之不幸，非獨先生之不幸也。又何病焉？子馨此書，敍戊戌政變，多取材於先生自撰之戊戌政變記。此記先生作於情感憤激之時，所言不盡實録。子馨撰此傳時，亦爲一時之情感所動盪。故此傳中關于戊戌政變之記述，猶有待於他日之考訂增改者也。

夫戊戌政變已大書深刻於舊朝晚季之史乘，其一時之成敗是非，天下後世，自有公論，兹不必言。惟先生至長沙主講時務學堂之始末，則關係先世之舊聞，不得不補敍於此，並明當時之言變法者，蓋有不同之二源，未可混一論之也。咸豐之世，先祖亦應進士舉，居京師。親見圓明園干霄之火，痛哭南歸。其後治軍治民，益知中國舊法之不可不變。後交湘陰郭筠仙侍郎嵩燾，極相傾服，許爲孤忠閎識。先君亦從郭公論文論學，而郭公者，亦頌美西法，當時士大夫目爲漢奸國賊，羣欲得殺之而甘心者也。至南海康先生治今文公羊之學，附會孔子改制以言變法。其與歷驗世務欲借鏡西國以變神州舊法者，本自不同。故先祖先君見義烏朱鼎甫先生一新「無邪堂答問」駁斥南海公羊春秋之説，深以爲然。據是可知余家之主變法，其思想源流之所在矣。新會先生居長沙時，余隨宦巡署，時方童稚，懵無知識。後遊學歸國，而先君晚歲多病，未敢以舊事爲問。丁丑春，余偶遊故宫博物院，見清德宗所閲舊書中，有時務學堂章程一册，上有燭燼及油污之跡，蓋崇陵乙夜披覽之餘所遺留者也。歸寓舉以奉告先君，先君因言聘新會至長沙主講時務學堂本末。先是嘉應黄公度丈遵憲，力薦南海先生於先祖，請聘其主講時務學堂。先祖以此詢之先君，先君對以曾見新會之文，其所論説，似勝於其師，不如舍康而聘梁。先祖許之。因聘新會至長沙。新會主講時務學堂不久，多患發熱病，其所評學生文卷，辭意未甚偏激，不過有開議會等説而已。惟隨來助教韓君之評語，頗涉民族革命之意。諸生家屬中有與長沙王益吾祭酒先謙相與往還者。葵園先生見之，因得挾以詆訾新政。韓君因是解職。未幾新會亦去長沙。此新會主講時務學堂之本末，而其所以至長沙者，實由先君之特薦。其後先君坐「招引奸邪」鐫職，亦有由也。

自戊戌政變後十餘年，而中國始開國會，其紛亂妄謬，爲天下指笑，新會所嘗目覩，亦助當政者發令而解散之矣。自新會殁，又十餘年，中日戰起。九縣三精，飆回霧塞，而所謂民主政治之論，復甚囂塵上。余少喜臨川新法之新，而老同涑水迂叟之迂。蓋驗以人心之厚薄，民生之榮悴，則知五十年來，如車輪之逆轉，似有合於所謂退化論之説者。是以論學論治，迴異時流，而迫於事勢，噤不得發。因讀此傳，略書數語，付稚女美延藏之。美延當知乃翁此時悲往事，思來者，其憂傷苦痛，不僅如陸務觀所云，以元祐黨家話貞元朝士之感已也。

乙酉孟夏青園病叟陳寅恪書。

# 蓮花色尼出家因緣跋

北平圖書館藏敦煌寫本諸經雜緣喻因由記第一篇，其末云「號稱蓮花色尼」。蓋蓮花色尼出家因緣也。佛教故事中關於蓮花色尼者頗多。此寫本所述，即其一種。寅恪初取而讀之，見所謂七種呪誓惡報僅載六種。疑「七」字爲「六」字之譌。或寫本有脱文，遺去一種惡報。及玩首尾文義，乃知其不然。何以見「七」字非「六」字之誤？以此篇有「設盟作七種之誓」及「作如是七種呪誓惡報」二句，其中「七」字先後再見。若言俱「六」字之譌，似不可能。又鳩摩羅什譯衆經撰雜譬喻經卷下第叁柒節，有大婦因妬以針刺殺小婦兒，致受惡報事。與此篇佛答阿難問中所述蓮花色尼前生宿業適相符合。其爲與此篇故事有關，自無疑義。兹節録彼經大意，並其文中涉及「七」字者，以資比較。

昔有一人兩婦。大婦無兒，小婦生一男。大婦心内嫉之，以針刺兒顖上，七日便死。小婦知爲大婦所傷，便欲報讎。問諸比丘，欲求心中所願，當修何功德？諸比丘答言，當受持八關齋。即從比丘受八戒齋，後七日便死，轉身來生大婦爲女。端正，大婦愛之。

年一歲死，大婦悲咽摧感，劇於小婦。如是七返，或二年，或三四年，或六七年。後轉端正，倍勝於前。最後年十四，已許人。垂當出門，即夜便卒死。大婦憂惱不可言，停屍棺中，不肯蓋之。日日看視，死屍光顏益好，勝於生時。有阿羅漢往欲度脱，到其人家，從乞。沙門見婦顔色憔悴，言，何爲乃爾？婦言，前後生七女，黠慧可愛，便亡。此女最大，垂當出門，便復死亡，令我憂愁。沙門言，汝家小婦本坐何等死？小婦兒爲何等死？婦聞此語，默然不答，心中慚愧。沙門言，汝殺人子，令其母憂愁懊惱，故來爲汝作子，前後七返，是汝怨家，欲以憂毒殺汝。汝試往視棺中死女，知復好否？婦往視之，便爾壞爛，臭不可近。問何故念之？婦即慚愧，便藏埋之，從沙門求受戒。沙門言，明日來詣寺中。女死，便作毒蛇，知婦當行受戒，於道中待之，欲嚙殺之。婦行，蛇遂遮前，不得前去。沙門知之。沙門謂蛇曰，汝後世世更作他小婦，共相酷毒，不可窮盡。大婦一反殺兒，汝今（令）懊惱已七返，汝前後過惡皆可度。此婦今行受戒，汝斷其道。汝世世當入泥犂中。今現蛇身，何如此婦身？蛇聞沙門語，自知宿命。持頭著地，不喘息。沙門呪願言，今汝二人宿命更相懊惱，罪過從此各畢，於是世世莫復惡意相向。二俱懺悔訖，蛇即命終。便生人中，受戒作優婆夷。

據此，七之爲數，乃規定不移之公式。故作呪誓惡報，亦應依此公式作七種。然則此篇之

「七」字，非「六」字之誤，益可因此證明。或謂「七」字固非「六」字之誤，但七種惡報，僅載六種，而闕其一種者，安知非傳寫時，無意中所脱漏乎？爲此説者，頗似言之成理。迨詳繹此篇首尾文義，乃知其説亦不可能。蓋此篇蓮花色尼前生所設之（一）夫被蛇嚙殺。（二）生兒被狼噉，及（三）被水溺。（四）自身生埋。（五）自食兒肉。（六）父母被火燒。共六種惡報，皆一一應驗。既於篇首起，逐節詳悉敘述，復於篇末佛答阿難問中，重舉各種惡報之名。後者其文甚簡，傳寫時容有無意中脱漏之事。前者則記一惡報，必累百言，或數十言。傳寫時無意中縱有脱漏，何能全部遺去，不載一字。且篇中歷敘各種惡報，至蓮花色尼投佛出家止，皆意義聯貫，次序分明，殊無闕少之痕蹟。則此篇七種惡報，只載六種者，其非傳寫時無意中脱漏，又可知矣。

傳寫之譌誤，或無心之脱漏，二種假定俱已不能成立。僅餘一可能之設想，即編集或録寫此諸經雜緣喻因由記者，有所惡忌，故意删削一種惡報。而未及改易文中之「七」字爲「六」字，遂致此篇所舉惡報之數，與所敘惡報之事，不相符合。兹從印度原文資料中，補其所闕之一種惡報，並推測其所以删削之故於下。

檢巴利文涕利伽陀（此名依善見律毘婆沙壹序品之音譯。）第陸肆蓮花色尼篇第貳貳肆及第貳貳伍偈，述母女共嫁一夫，其夫即其所生之子事。又見於涕羅伽陀（此名亦依善見律毘婆沙壹序品之音譯。）第壹貳肆恒河岸比丘篇第壹貳柒及第壹貳捌偈。據法護撰涕利伽陀此篇注解（巴利學會本第壹玖伍至第壹玖柒頁。）所載此尼出家因緣，與敦煌寫本大抵相同，惟其中有一事絶異而爲敦煌寫本所無者，即蓮花色尼屢嫁。而所生之子女皆離失，不復相識，復與其所生之女共嫁於其所生之子。迨既發覺，乃羞惡而出家焉。

印度佛教經典注解，每喜徵引往昔因緣。若一考其實，則多爲後來所附益，而非原始所應有。但蓮花色尼與其女共嫁其子之事，見於偈頌之本文，決非注解中其他後來傅會之本事可比。且爲全篇最要之一事，即蓮花色尼出家關鍵之所在。凡敍其出家始末者，斷不容略去此節。今敦煌寫本備載蓮花色尼出家因緣中其他各節，大抵與巴利文本相同。獨闕此聚麀之惡報，其爲故意之删削，而非傳寫時無心之脱漏，似不容疑。考佛藏中往往以男女受身之由，推本於原始聚麀之念。用是激發羞惡之心，且可藉之闡明不得不斷欲出家之理。如大寶積經卷五十五佛爲阿難説處胎會壹叁（法護譯胞胎經與此經同，而其文較簡。）云：

如是中陰欲受胎時，先起二種顛倒之心。云何爲二？所謂父母和合之時，若是男者，於母生愛，於父生瞋，父流胤時，謂是己有。若是女者，於父生愛，於母生瞋，母流胤時，謂是己有。若不起此瞋愛心者，則不受胎。

又大寶積經卷伍陸佛説入胎藏會壹肆云：

又彼中有欲入胎時，心即顛倒。若是男者，於母生愛，於父生憎。若是女者，於父生愛，於母生憎，亦復相同。

又瑜伽師地論壹本地分中意地第貳之壹云：

彼於爾時，見其父母共行邪行所出精血，而起顛倒。起顛倒者，謂見父母爲邪行時，不謂父母行此邪行，乃起顛倒覺，見己自行。見己自行，便起貪愛。若當欲爲女，彼即於父，便起會貪。若欲爲男，彼即於母起貪亦爾，乃往逼趣。若女於母，欲其遠去。若男於父，心亦復爾。生此欲已，或唯見男。或唯見女，如如（如是如是？）漸近彼之處所。如是如是，漸漸不見父母餘分，唯見男女根門。即於此處，便被拘礙。死生道理如是應知。

則所言更詳顯矣。此種學説，其是非當否，姑不置論。惟與支那民族傳統之倫理觀念絶不相容，則不待言。佛法之入中國，其教義中實有與此土社會組織及傳統觀念相衝突者。如東晉至初唐二百數十年間，「沙門不應拜俗」及「沙門不敬王者」等説見於彦悰六卷之書者（唐彦悰集沙門不應拜俗議），皆以委婉之詞否認此土君臣父子二倫之議論。然降及後世，國家頒布之法典，既有僧尼應拜父母之條文。（見薛允升唐明律合編玖及清律例壹柒禮律儀制「僧道拜父母」條。）僧徒改訂之規律，如禪宗重修之百丈清規。其首次二篇，乃頌禱崇奉君主之祝釐章及報恩章，供養佛祖之報恩章轉居在後。（弌咸至大清規序云：「始此書之作，或以爲僧受戒首之。或以住持入院首之。壬午，依覺菴先師於承天，朝夕扣問，因得以祝聖如來降誕一儀冠其前。其餘門分類聚，釐爲十卷。」據此，可知百丈原書猶略存毘奈耶本意。自元以後，則全部支那化矣。）夫僧徒戒本本從釋迦部族共和國之法制蛻蟬而來，今竟數典忘祖，輕重倒置，至於斯極。橘遷地而變爲枳，吾民族同化之力可謂大矣。但支那佛教信徒，關於君臣父子之觀念，後雖同化，當其初期，未嘗無高僧大德，不顧一切忌諱，公然出而辯護其教中無父無君之説者。獨至男女性交諸要義，則此土自來佛教著述，大抵噤默不置一語。如小乘部僧尼戒律中，頗有涉及者，因以「在家人勿看」之語標識之。（高僧傳壹康僧會傳云：「〔孫皓〕因求看沙門戒，會以戒文禁秘，不可輕宣。」疑與此同。）蓋佛藏中學説之類是者，縱爲篤信之教徒，以經神州傳統道德所薰習之故，亦復不能奉受。特以其爲聖典之文，不敢昌言詆斥。惟有隱秘閉藏，禁絶其流布而已。蓮花色尼出家因緣中聚麀惡報不載於敦煌寫本者，即由於此。兹爲補其闕略，並附論所以見刪削之故，庶幾可使游於方内之士，得知貝多真實語中固有非常異議，可怪之論在也。

## 附注

（一）賢愚因緣經叁微妙比丘尼品壹陸所載故事與敦煌本略同，而比丘尼之名與敦煌本異。大方便佛報恩經伍慈品中華色尼自述出家因緣，僅當敦煌本故事之前半，而比丘尼之名則與敦煌本符合。此二經雖皆載有呪誓惡報之事，然均無記其若干種之文。敦煌本所以獨異者，或出於編纂者所臆加，或别有原本可據，今固不能知。但以鳩摩羅什譯衆經撰雜譬喻經所載故事證之，則呪誓惡報七種之語恐非編纂者自增。尤可注意者，即賢愚因緣經本無原本，實爲支那僧徒游學中亞時聽講之筆記撰集而成。（見僧祐出三藏記集玖賢愚經記。）大方便佛報恩經内容既與賢愚因緣經相似，而特重行孝報恩之義。其經序品之後即爲孝養品。又失譯者之名，疑爲同類之作品，俱經支那僧徒之手，有所改易，非復原來之舊。故與巴利文所載之較古而近真者不同，附識於此，或足以見鄙説之不甚謬也。

（二）沙門不拜俗事，可參清寬壽不拜世祖事。見康熙時所修廣濟寺新志中湛祐所作玉光壽律師傳。

原載一九三二年清華學報第柒卷第壹期

# 三國志曹沖華佗傳與佛教故事

陳承祚著三國志，下筆謹嚴。裴世期爲之註，頗採小説故事以補之，轉失原書去取之意，後人多議之者。實則三國志本文往往有佛教故事，雜糅附益於其間，特蹟象隱晦，不易發覺其爲外國輸入者耳。今略舉數事以證明之，或亦審查古代史料真僞者之一助也。

魏志貳拾鄧哀王沖傳云：

鄧哀王沖字倉舒，少聰察歧嶷，生五六歲，智意所及，有若成人之智。時孫權曾致巨象，太祖欲知其斤重，訪之羣下，咸莫能出其理。沖曰，置象大船之上，而刻其水痕所至，稱物以載之，則校可知矣。太祖大悦，即施行焉。

葉水心適習學記言貳柒論此事曰：

倉舒童孺，而有仁人之心，並舟稱象，爲世開智物理，蓋天稟也。

是直信以爲事實。何義門焯以倉舒死於建安十三年前，知其事爲妄飾，而疑置水刻舟，算術中或本有此法。邵二雲晉涵據吴曾能改齋漫録引苻子所載燕昭王命水官浮大豕而量之，謂其事已在前。（見梁章鉅三國志旁證壹肆。）然皆未得其出處也。考北魏吉迦夜共曇曜譯雜寶藏經壹棄老國緣云：

天神又問，此大白象有幾斤？而羣臣共議，無能知者。亦募國内，復不能知。大臣問父，父言，置象船上，著大池中，畫水齊船，深淺幾許，即以此船量石著中，水没齊畫，則知斤兩。即以此智以答天神。

寅恪案，雜寶藏經雖爲北魏時所譯，然其書乃雜採諸經而成，故其所載諸國緣，多見於支那先後譯出之佛典中。如卷捌之難陀王與那伽斯那共論緣與那先比丘問經之關係，即其一例。因知卷壹之棄老國緣亦當別有同一内容之經典，譯出在先。或雖經譯出，而書籍亡逸，無可徵考。或雖未譯出，而此故事僅憑口述，亦得輾轉流傳至於中土，遂附會爲倉舒之事，以見其智。但象爲南方之獸，非曹氏境内所能有，不得不取其事與孫權貢獻事混成一談，以文飾之，此比較民俗文學之通例也。

又涵芬樓影印百衲本三國志貳玖魏書貳玖華佗傳（可參後漢書列傳柒貳下華佗傳。）略云：

華佗字元化，一名旉。（裴注：古敷字與專相似，寫書者多不能別。尋佗字元化，其名宜爲旉也。）曉養性之術，時人以爲年且百歲，而貌有壯容。又精方藥，其療疾，合湯不過數種，煑熟便飲，語其節度，舍去輒愈。若病結積在内，針藥所不能及，當須刳割者，便飲其麻沸散，須臾便如醉死無所知，因破取。病若在腸中，便斷腸湔洗，縫腹膏摩，四五日差，不痛，人亦不自寤，一月之間即平復矣。佗行道見一人病咽塞，嗜食而不得下，家人車載欲往就醫。佗聞其呻吟，駐車往視，語之曰：「向來道邊有賣餅家蒜齏大酢，從取三升飲之，病自當去。」即如佗言，立吐蛇一枚，縣車邊，欲造佗。佗尚未還，疾者前入坐，見佗北壁縣此蛇輩約以十數。又有一士大夫不快，佗云：「君病深，當破腹取。然君壽亦不過十年，病不能殺君，忍病十歲，壽俱當盡，不足故自刳裂。」士大夫不耐痛癢，必欲除之。佗遂下手，所患尋差，十年竟死。廣陵太守陳登得病，胸中煩懣，面赤不食。佗脈之曰：「府君胃中有蟲數升，欲成内疽，食腥物所爲也。」即作湯二升，先服一升，斯須盡服之。食頃，吐出三升許蟲，赤頭皆動，半身是生魚膾也。所苦便愈。太祖聞而召佗，佗常在左右。太祖苦頭風，每發，心亂目眩，佗針鬲，隨手而差。後太祖親理，得病篤重，使佗專視。佗曰：「此近難濟，恒事攻治，可延歲月。」佗久遠家思歸，因曰：「當得家書，方欲暫還耳。」到家，辭以妻病，數乞期不反。太祖累書呼，又敕郡縣發遣。佗恃能，厭食事，猶不上道。太祖大怒，使人往檢。若妻信病，賜小豆四十斛，寬假限日。若其虚詐，便收送之。於是傳付許獄，考驗首服。佗死後，太祖頭風未除。太祖曰：「佗能愈此。小人養吾病，欲以自重。然吾不殺此子，亦終當不爲我斷此根原耳。」及後愛子倉舒病困，太祖歎曰：「吾悔殺華佗，令此兒彊死也。」

杭大宗世駿三國志補注肆引葉夢得玉澗雜書略云：

> 華佗固神醫也。然范曄陳壽記其治疾，皆言若病結積在内，針藥所不能及者云云，此決無之理。人之所以爲人者以形，而形之所以生者以氣也。佗之藥能使人醉無所覺，可以受其刳割，與能完養，使毀者復合，則吾所不能知。然腹背腸胃既以破裂斷壞，則氣何由含，安有如是而復生者乎？審佗能此，則凡受支解之刑者，皆可使生，王者亦無所復施矣。

是昔人固有疑其事者。夫華佗之爲歷史上真實人物，自不容不信。然斷腸破腹，數日即差，揆以學術進化之史蹟，當時恐難臻此。其有神話色采，似無可疑。檢天竺語「agada」乃藥之義。舊譯爲「阿伽陀」或「阿羯陀」，爲内典中所習見之語。「華」字古音，據瑞典人高本漢字典爲ɣ$^{w}$a，日本漢音亦讀「華」爲「か」。則「華佗」二字古音與「gada」適相應，其渻去「阿」字者，猶「阿羅漢」僅稱「羅漢」之比。蓋元化固華氏子，其本名爲旉而非佗，當時民間比附印度神話故事，因稱爲「華佗」，實以「藥神」目之。此魏志後漢書所記元化之字，所以與其一名之旉相應合之故也。

又考後漢安世高譯㮈女耆域因緣經所載神醫耆域諸奇術，如治拘睒彌長者子病，取利刀破腸，披腸結處。治迦羅越家女病，以金刀披破其頭，悉出諸蟲，封著甕中，以三種神膏塗瘡，七日便愈，乃出蟲示之，女見，大驚怖。及治迦羅越家男兒肝反戾向後病，以金刀破腹，還肝向前，以三種神膏塗之，三日便愈。其斷腸破腹，固與元化事不異，而元化壁縣病者所吐之蛇以十數，及治陳登疾，令吐出赤頭蟲三升許，亦與耆域之治迦羅越家女病事，不無類似之處。（可參裴注引佗別傳中，佗治劉勳女膝瘡事。）至元化爲魏武療疾致死，耆域亦以醫暴君病，幾爲所殺，賴佛成神，僅而得免。則其遭際符合，尤不能令人無因襲之疑。（敦煌本勾道興搜神記載華佗事有：「漢末開腸，洗五藏，劈腦出蟲，乃爲魏武帝所殺」之語，與㮈女耆域因緣經所記尤相似。）然此尚爲外來之神話，附益於本國之史實也。若慧皎高僧傳之耆域，則於晉惠帝之末年，經扶南交廣襄陽至於洛陽，復取道流沙而返天竺（見高僧傳玖）。然據㮈女耆域因緣等佛典，則耆域爲佛同時人，若其來游中土，亦當在春秋之世，而非典午之時，斯蓋直取外國神話之人物，不經比附事實或變易名字之程序，而竟以爲本國歷史之人物，則較華佗傳所記，更有不同矣。

寅恪嘗謂外來之故事名詞，比附於本國人物事實，有似通天老狐，醉則見尾。如袁宏竹林名士傳，戴逵竹林七賢論，孫盛魏氏春秋，臧榮緒晉書及唐修晉書等所載嵇康等七人，固皆支那歷史上之人物也。獨七賢所游之「竹林」，則爲假託佛教名詞，即「Velu」或「Veluvana」之譯語，乃釋迦牟尼説法處，歷代所譯經典皆有記載，而法顯（見佛國記）玄奘（見西域記玖）所親歷之地。此因名詞之沿襲，而推知事實之依託，亦審查史料真僞之一例也。（聞日本學者有論此事之著作，寅恪未見。）總而言之，三國志曹沖華佗二傳，皆有佛教故事，輾轉因襲雜糅附會於其間，然巨象非中原當日之獸，華佗爲五天外國之音，其變遷之跡象猶未盡亡，故得賴之以推尋史料之源本。夫三國志之成書，上距佛教入中土之時，猶不甚久，而印度神話傳播已若是之廣，社會所受之影響已若是之深，遂致以承祚之精識，猶不能別擇真僞，而並筆之於書。則又治史者所當注意之事，固不獨與此二傳之考證有關而已也。

原載清華學報第陸卷第壹期

# 贈蔣秉南序

清光緒之季年，寅恪家居白下，一日偶檢架上舊書，見有易堂九子集，取而讀之，不甚喜其文，唯深羡其事。以爲魏丘諸子值明清嬗蜕之際，猶能兄弟戚友保聚一地，相與從容講文論學於乾撼坤岌之際，不謂爲天下之至樂大幸，不可也。當讀是集時，朝野尚稱苟安，寅恪獨懷辛有索靖之憂，果未及十稔，神州沸騰，寰宇紛擾。寅恪亦以求學之故，奔走東西洋數萬里，終無所成。凡歷數十年，遭逢世界大戰者二，内戰更不勝計。其後失明臏足，棲身嶺表，已奄奄垂死，將就木矣。默念平生固未嘗侮食自矜，曲學阿世，似可告慰友朋。至若追踪昔賢，幽居疏屬之南，汾水之曲，守先哲之遺範，託末契於後生者，則有如方丈蓬萊，渺不可即，徒寄之夢寐，存乎遐想而已。嗚呼！此豈寅恪少時所自待及異日他人所望於寅恪者哉？雖然，歐陽永叔少學韓昌黎之文，晚撰五代史記，作義兒馮道諸傳，貶斥勢利，尊崇氣節，遂一匡五代之澆漓，返之淳正。故天水一朝之文化，竟爲我民族遺留之瓌寶。孰謂空文於治道學術無裨益耶？蔣子秉南遠來問疾，聊師古人朋友贈言之意，草此奉貽，庶可共相策勉云爾。甲辰夏五七十五叟陳寅恪書於廣州金明館。

# 〔附〕寒柳堂記夢未定稿

按：寒柳堂記夢未定稿原共七章，一九六五年夏至一九六六年春間所寫，爲先師最後之作。曾由助教黄萱繕寫謄清稿兩份，大都在混亂中佚失，迄今僅存零星殘稿，計：「弁言」，全。（一）「吾家先世中醫之學」，全。（二）「清季士大夫清流濁流之分野及其興替」，僅存本章之前半部。（六）「戊戌政變與先祖先君之關係」，全；所缺引文亦補齊。晚年心血所寄，僅存殘稿如許，不其痛歟！兹將殘文併全文目録，附印於寒柳堂集之末。又，「吾家先世中醫之學」，及「清季士大夫清流濁流之分野及其興替」「戊戌政變與先祖先君之關係」三部分，所用均係初稿，無可校。將來如能發現全稿，將另印單册附後。

一九七九年十二月及門蔣天樞識

# 目録

# 弁　言

東坡詩云：「事如春夢了無痕。」但又云：「九重新掃舊巢痕。」夫九重之舊巢亦夢也。舊巢之舊痕既可掃，則寅恪三世及本身舊事之夢痕，豈可不記耶？

昔年康更生先生〔有爲〕百歲紀念，因感吾家與戊戌政變事，曾爲賦一律云：

> 此日欣能獻一尊，百年世事不須論。看天北斗驚新象，記夢東京惜舊痕。元祐黨家猶有種，江潭騷客已無魂。玉谿滿貯傷春淚，未肯明流且暗吞。

今歲又賦「題紅梅圖」一律，圖爲寅恪與內子唐篔結褵時曾髯農丈〔熙〕所繪贈，迄今將四十載矣。其詩云：

> 鏡臺畫幅至今存，偕老渾忘歲序奔。紅燭高燒光並照，緑雲低覆悄無言。栽花幾換湖山面，度曲能留月夜魂。珍重玳樑香茜影，他生同認舊巢痕。

然則夢痕不僅可記，其中復有可惜者存焉。復次，寅恪童時讀庾信哀江南賦序云：

> 昔桓君山之志事，杜元凱之平生，並有著書，咸能自序。潘岳之文采，始述家風；陸機

> 之辭賦，先陳世德。信年始二毛，即逢喪亂。藐是流離，至於暮齒。

深有感於其言。後稍長偶讀宋賢涑水記聞及老學庵筆記二書，遂欲取爲模楷，從事著述。今既届暮齒，若不於此時成之，則恐無及。因就咸同光宣以來之朝局，與寒家先世直接或間接有關者，證諸史料，參以平生耳目見聞，以闡明之。並附載文藝瑣事，以供談助，庶幾不賢者識小之義。既不誣前人，亦免誤來者。知我罪我，任之而已。

其所以取君實之書，以爲模楷者，蓋四庫全書總目提要壹肆零涑水記聞條略云：

> 宋司馬光撰。是編雜録宋代舊事，起於太祖，訖於神宗。每條皆注其述説之人，故曰記聞。或如張詠請斬丁謂之類，偶忘名姓者，則注曰，不記所傳。明其他皆有證驗也。

此文所記，皆有證驗，竊比於温公是書也。

其所以取務觀之書，以爲模楷者，蓋陳振孫直齋書録解題壹壹老學庵筆記條云：

> 陸游務觀撰，生識前輩，年登耄期，所記見聞殊可觀也。

與寅恪之家世及草此文之時日，頗亦相合。故不揣淺陋，藉作模楷也。然復有可論者，據李慈銘桃華聖解盦日記辛集貳云：

> 放翁此書，在南宋時足與猗覺寮雜記，曲洧舊聞，梁谿漫志，賓退録諸書並稱。其雜述掌故，間考舊文，俱爲謹嚴。所論時事人物，亦多平允。〔四庫〕提要譏其以其祖左丞之

故於王氏及字說俱無貶辭，不免曲筆。今考其書，於荆公亦無甚稱述。如云輕沈文通，以爲寡學。誚鄭毅夫不識字。又不樂滕元發，目爲滕屠鄭酤，及裁減宗室恩數諸條，俱不署斷語，而言外似有未滿意。惟一條云，「先左丞言荆公有詩正義一部，朝夕不離手，字大半不可辨。世謂荆公忽先儒之說，蓋不然也。」則荆公本深於經學，所記自非妄說。其言字說，亦祇一條云，「字説盛行時，有唐博士耜，韓博士兼皆作字説解數十卷。太學諸生作字説音訓十卷。劉全美作字説偏旁釋一卷，字説備檢一卷。又以類相從爲字會二十卷。」以及故相吴元中，門下侍郎薛肇明等詩文之用字説，而未嘗加論斷，至所舉「十目視隱爲直」則本説文義也。其論詩數十條，亦多可觀。劍南於此事本深，尤其談言微中。

由此言之，放翁之祖陸農師（佃），爲王荆公門人，（見宋史叁肆叁陸佃傳。）後又名列元祐黨籍。（見王昶金石萃編壹肆肆元祐姦黨碑。）是放翁之家世，與臨川涑水兩黨俱有關聯。其論兩黨之得失最爲公允。清代季年，士大夫實有清流濁流之分。寅恪本人或以世交之誼，或以姻婭之親，於此清濁兩黨，皆有關聯，故能通知兩黨之情狀并其所以分合錯綜之原委。因草此文，排除恩怨毁譽務求一持平之論斷。他日讀者儻能詳考而審察之，當信鄙言之非謬也。抑更有可附言者，寅恪幼時讀中庸至「衣錦尚絅，惡其文之著也」一節，即銘刻於胸臆。父執姻親多爲當時勝流，但不敢冒昧謁見。偶以機緣，得接其丰采，聆其言論，默而識之，但終有限度。今日追思，殊可惜矣。至寒家在清季數十年間，與朝野各方多所關涉，亦別有其故。先祖僅中乙科，以家貧養親，不得已而就末職。其仕清朝，不甚通顯，中更挫跌，罷廢八稔。年過六十，始得巡撫湖南小省。在位不逾三載，竟獲嚴譴。先君雖中甲科，不數月即告終養。戊戌政變，一併革職。後雖復官，迄清之末，未嘗一出。然以吏能廉潔及氣節文章頗負重名於當代。清季各省初設提學使，先君摯友喬茂萱丈樹枏爲學部尚書榮慶所信任，故擬定先君爲湖南提學使。是時熊秉三丈希齡適在京師，聞其事，即告當局謂先君必不受職。遂改授其時湖南學政吳子修丈慶坻。

又清帝遜位後，陳公寶琛任師傅，欲引先君相佐，先君辭以不能操京語。陳公遂改薦朱艾卿丈〔益藩〕。朱丈亦陳公光緒八年壬午主贛省鄉試所取士，與先君爲齊年生也。

寅恪以家世之故，稍稍得識數十年間興廢盛衰之關鍵。今日述之，可謂家史而兼信史歟？

## （一）吾家先世中醫之學

吾家素寒賤，先祖始入邑庠，故寅恪非姚逃虛所謂讀書種子者。先曾祖以醫術知名於鄉村間，先祖先君遂亦通醫學，爲人療病。寅恪少時亦嘗瀏覽吾國醫學古籍，知中醫之理論方藥，頗有由外域傳入者。然不信中醫，以爲中醫有見效之藥，無可通之理。若格於時代及地區，不得已而用之，則可。若矜誇以爲國粹，駕於外國醫學之上，則昧於吾國醫學之歷史，殆可謂數典忘祖歟？曾撰三國志中印度故事，崔浩與寇謙之及元白詩箋證稿第伍章法曲篇等文，略申鄙見，兹不贅論。小戴記曲禮曰：「醫不三世，不服其藥。」先曾祖至先君，實爲三世。然則寅恪不敢以中醫治人病，豈不異哉？孟子曰：「君子之澤，五世而斬。」長女流求，雖業醫，但所學者爲西醫。是孟子之言信矣。郭筠仙嵩燾養知書屋文集貳壹陳府君墓碑銘略云：

陳琢如先生諱偉琳。祖鯤池由閩遷江西之義甯州，再傳而生先生。考克繩，生子四人，先生其季也。先生以太淑人體羸多病，究心醫家言，窮極靈樞素問之精藴，遂以能醫名。

病者踵門求治，望色切脈，施診無倦。配李淑人。子三人，樹年某官，觀瑞殤，寶箴〔咸豐〕辛亥舉。

翁文恭公日記「光緒二十一年乙未正月二十日」條云：

晚訪陳右銘，未見。燈後右銘來辭行，長談。爲余診云，肝旺而虛，命腎皆不足。牛精汁白朮皆補脾要藥，可常服。（自注：「脈以表上十五杪得十九至，爲平。余脈十八至，故知是虛。」）

據此，中醫之學乃吾家學，今轉不信之，世所稱不肖之子孫，豈寅恪之謂耶？

寅恪少時多病，大抵服用先祖先君所處方藥。自光緒二十六年庚子移家江甯，始得延西醫治病。自後吾家漸不用中醫。蓋時勢使然也。猶憶光緒二十一年乙未，先祖擢任直隸布政使，先君侍先祖母留寓武昌，（先祖母事蹟見馬通伯丈〔其昶〕所撰陳母黄夫人墓誌銘。）一日忽見傭工攜魚翅一榼，酒一甕并一紙封，啓先祖母曰，此禮物皆譚撫臺所贈者。紙封内有銀票伍佰兩，請查收。先祖母曰，銀票萬不敢受，魚翅與酒可以敬領也。傭工從命而去。譚撫臺者，譚復生嗣同丈之父繼洵，時任湖北巡撫。曾患疾甚劇，服用先祖所處方藥，病遂痊愈。譚公夙知吾家境不豐，先祖又遠任保定，恐有必需，特餽以重金。寅恪侍先祖母側，時方五六歲，頗訝爲人治病，尚得如此酬報。在童稚心中，固爲前所未知，遂至今不忘也。

又光緒二十五年己亥先祖寓南昌，一日諸孫侍側，閒話舊事，略言昔年自京師返義甯鄉居，先曾祖母告之曰，前患咳嗽，適門外有以人參求售者，購服之即痊。先祖詑曰，吾家素貧，人參價貴，售者肯以賤價出賣，此必非真人參，乃薺苨也。蓋薺苨似人參，而能治咳嗽之病。本草所載甚明。（見本草綱目壹貳「薺苨」條。）特世人未嘗注意及之耳。寅恪自是始知有本草之書，時先母多臥疾，案頭常置本草綱目節本一部，取便翻閱。寅恪即檢薺苨一藥，果與先祖之言符應。是後見有舊刻醫藥諸書，皆略加披閱，但一知半解，不以此等書中所言者爲人處方治病，唯藉作考證古史之資料，如論胡臭與狐臭一文，即是其例也。

## （一）清季士大夫清流濁流之分野及其興替

清代同光朝士大夫有清流濁流之分，黄秋岳花隨人聖庵摭憶論之詳矣。黄氏書所論訖於光緒中晚，此後，即光緒之末至清之亡，則未述及。其實光緒之末至清之亡，士大夫仍繼續有清濁之别，請依次論之。秋岳之文本分載於當時南京中央日報，是時寅恪居北平，教授清華大學，故未得見。及蘆溝橋事變，北平淪陷，寅恪隨校南遷長沙昆明，後又以病暫寓香港，講學香港大學。至太平洋戰起，乃由香港至桂林成都。日本投降，復遠游倫敦，取道巴拿馬運河歸國，重返清華園，始得讀秋岳之書，深賞其暘臺山看杏花詩「絶豔似憐前度意，繁枝留待後來人」之句，感賦一律云：

當年聞禍費疑猜，今日開編惜此才。世亂佳人還作賊，刼終殘帙幸餘灰。荒山久絶前游盛，斷句猶牽後死哀。見説暘臺花又發，詩魂應悔不多來。

秋岳坐漢奸罪死，世人皆曰可殺。然今日取其書觀之，則援引廣博，論斷精確，近來談清代掌故諸著作中，實稱上品，未可以人廢言也。

茲先節録黄氏書與此問題有關之數則，然後再續述黄氏所未言及者。至黄氏所論間有舛誤，或有待説明，則亦略補正并解釋之於下。

簡要言之，自同治至光緒末年，京官以恭親王奕訢李鴻藻陳寶琛張佩綸等，外官以沈葆楨張之洞等爲清流。京官以醇親王奕譞孫毓汶等，外官以李鴻章張樹聲等爲濁流。至光緒迄清之亡京官以瞿鴻禨張之洞等，外官以陶模岑春煊等爲清流。京官以慶親王奕劻袁世凱徐世昌等，外官以周馥楊士驤等爲濁流。但其間關係錯綜複雜先後互易，亦難分劃整齊，此僅言其大概，讀者不必過於拘泥也。黄氏之書（花隨人聖庵摭憶）略云：

> 淮南彭孫貽客舍偶聞一帙，順德李芍農侍郎（文田）注之。所記康熙初年滿人互相擠軋之狀，歷歷如繪。嘗謂有清一代，開國時滿大臣互相擠軋，而漢大臣新進，兢兢業業，奉公守法，康熙諸主輒利用之以成大業。及晚清同光以來，則漢大臣互相齮齕，而滿大臣驕奢宴樂，騃不知事，宫闈亦相阨，以速其亡。蓋宦途未有不相擠者，特視爲何如人。愚者，譬如擔夫争道，智者則擊轂僨車矣。試以晚清言，曾文正見扼於祁文端，微肅順左右之，幾不能成功，是一例。曾氏兄弟，與左文襄沈文肅交惡，雖無大影響，亦是一例。光緒初葉，帝后兩黨交鬨，而李高陽與翁常熟交惡，其終也，促成中日甲午之戰，所關於國運者甚大。當時高陽常熟陰相阨，而合肥李文忠居外，其時有言文忠有異心者，

旨令常熟密查，覆奏，李鴻章心實無他，事見宋芸子詩自注。其後翁力主戰，李欲格之，不能。不可戰而戰，所失倍甚。（頁五十五）

黄書又云：

前所采拔可先生尊人次玉先生在南皮兩江督幕中録藏光緒甲午乙未間中東戰役諸電，册後尚録其時散原老人自武昌致南皮一電，以馬關和約簽定，請籲奏誅合肥以謝天下，此電南皮未作覆。當時士論沸騰，主此説至多，散原老人今年八十三，是時年裁四十一，與丁叔雅（惠康）譚復生（嗣同）吴彦復（保初）號四公子，風采踔發，物望所歸。故其時右銘先生雖開府直隸，而散老忠憤所迫，不遑顧慮，輒敢以危言勸南皮也。予初未諳散老此電命意，近讀散原精舍文存，自爲其尊人右銘先生行狀，有云：「其時李鴻章自日本使還，留天津，羣謂且復總督任。府君憤不往見，曰，李公朝抵任，吾夕挂冠去矣。人或爲李公解，府君曰，勛舊大臣如李公，首當其難，極知不堪戰，當投闕瀝血自陳，争以死生去就，如是，十可七八回聖聽，今猥塞責望謗議，舉中國之大，宗社之重，懸孤注，戲付一擲，大臣均休戚，所自處寧有是耶？其世所蔽罪李公，吾蓋未暇爲李公罪矣，卒不往。」得此一段，不啻兼爲散老電下一註解。蓋義寧父子，對合肥之責難，不在於不當和而和，而在於不當戰而戰，以合肥之地位，於國力軍力知之綦審，明燭其不堪一戰，而上迫於毒后之淫威，下刦於書生貪功之高調，忍以國家爲孤注，用塞羣昏之口，不能以死生爭，義甯之責，雖今起合肥於九京，亦無以自解也。信由斯説，則散原當日之憤激自在意中，固卓然可存。原電云：「讀銑電愈出愈奇，國無可爲矣，猶欲明公聯合各督撫數人，力請先誅合肥，再圖補救，以伸中國之憤，以盡一日之心，局外哀鳴，伏維賜察。三立。」按散老此電，乙未五月十七日由武昌發，戌刻至江甯者。（頁二一一四）

**按：此章殘稿，係從另一册初稿殘稿中録出。此章未完，以下缺。樞識。**

## （六）戊戌政變與先祖先君之關係

碑傳集補壹貳黄尚毅撰楊叔嶠先生事略略云：

〔戊戌六月〕十三日，朝旨以湘撫陳寶箴薦，詔先生預備召見。十四日召對，極言興學練兵爲救亡之策。上感其誠，詔立京師學堂。而川人李徵庸在津辦賑，先生勸捐二萬金立蜀學堂，直省在京立學自蜀始也。先生在軍機章京時，決疑定難，樞垣舊僚皆拱手推服。每一起草，條理精密，往往數百言無一字移易。其學與年俱進如此。三十以前，經史辭章原於家學。〔兄〕聽彝先生著説經堂叢書，倡起蜀學，得先生而益盛，人咸以軾轍許之。先生以隋史簡略，著隋史補遺四十卷，楷録成册，藏於家。詩文約數十篇皆散見無存稿。三十以後，留心掌故之學，感憤時事，不肯託諸空文。而代人作奏議獨多，不備舉，舉其關係天下者。甲午乙未中日戰後，孝欽復幸頤和園，内監寇良才上書諫，被殺。朝士無敢言者。先生乃激勵侍御王鵬運，並代作書上之，語頗切直。戊戌新學之士漸起，言論過激，先生慮朝士水火，非得有學術通知時事大臣，居中啓沃，弗克匡救。當時徐公世昌以翰林佐今大總統袁臬司治兵於小站，亦與先生書云：自中日戰後，合肥坐困，日本伊藤來京師，頗瞰中國無人。此時欲求抵禦之策，非得南皮入政府不可。先生得書，乃與喬樹枬説大學士徐桐，並代作疏薦張。得旨陛見。樞府翁同龢不悦張，會沙市有教案，乃與張蔭桓密謀中阻。張已至上海，奉旨折回。先生匡救之懷乃弗遂矣。先生代人作疏，不肯受名，事後即焚草，其公恕如此。尚毅戊戌留京，住先生寓齋，每侍談燕，故得備聆也。先生既值樞府，德宗召見賜手詔云：「近日朕仰觀聖母意旨，不欲退此老耄昏庸之大臣，而進用英勇通達之人。亦不欲將法盡變。雖朕隨時幾諫，而慈意甚堅。即如七月二十六日之事，聖母已謂太過。朕豈不知中國積弱不振，非退此老耄昏庸之大臣而力行新政不可。然此時不惟朕權力所不能及，若必强以行之，朕位且不能保。爾與劉光第譚嗣同林旭等詳悉籌議，必如何而後能進此英勇通達之人，使新政及時舉行，又不致少拂聖意，即具封奏以聞，候朕審擇施行，不勝焦慮之至。欽此。」七月二十六日因禮部司員王照請代上封事。堂官許應騤懷塔布等阻格不奏。先生歎息曰：皇上始誤聽於志鋭，繼誤聽於李盛鐸，今又誤聽於康有爲，殆哉！覆奏上即召見。於是有旨派康有爲至上海。樞臣皆慶幸，以不召對先生康不得去，禍不得息也。先生既下值，王彦威京卿來函云：與此輩少年共事，有損無益。公他日進退俱難。先生得書，急邀林旭至寓齋，切責之。林默然。初五日訓政詔下，蓋因繆延福等告變，故孝欽突然回宮也。次日，先生云：我等定出軍機。若皇上無事，我即出京，若有不測，決無可去之義。初九日晨起，先生被逮。慶䄠及毅亦同被拘。至坊上，先生曰：彼公車也，何故拘之？故毅及慶䄠得釋，而下先生刑部獄。同鄉喬樹枏乃電知張文襄請救。刑部以案情重大，請派大臣會審，十二日，直隸總督榮禄入京，召見。是夜文襄電至津，請榮轉奏：願以百口保楊鋭。次日已宣布行刑而轉電始至，已無及矣。先生與劉光第入獄，殊泰然。至十三日，乃各加以凶服，劉固刑部司官，詫曰：就刑矣！至法庭，不屈。先生呼劉曰：裴村，且聽旨。剛毅宣旨畢，先生曰：願明心迹。剛云：有旨不准説。遂出就刑。先生既致命，尚毅同喬樹枏等棺殮。殯於清字庵。念先生僅一子，若搜得手詔，必不免見焚，異日且無昭雪之據。乃將手詔密縫於尚毅衣領中。至八月二十五日，同慶䄠扶柩出京回籍。宣統元年，毅同慶䄠繳手詔於都察院，其詞云：竊生故父楊鋭，以内閣候補侍讀於光緒戊戌年七月，仰蒙先皇帝特擢四品卿銜軍機章京上行走，參預新政事宜。併蒙特旨召見，親賜手詔，令詳議覆。生時留侍京寓。故父下直後，一日喚生入室，敬將手詔令生恭藏。云已覆奏。生敬叩：手詔理當恭繳。生故父云，本已面繳，聖恩仍復見賜。生敬叩：覆奏如何？故父云：事關重要，當〔時〕未存稿，略舉大綱三條：一言皇太后親挈天下以授之皇上，應宜遇事將順，行不去處，不宜固執己意。二言變法宜有次第。三言進退大臣，不宜太驟。生當時所聞封奏情實止此。嗣是年八月初九日，生故父與劉光第同時被逮。止謂是非一訊即明，不料邂逅就死。生慘痛昏迷，無術請代。故父門人黄尚毅語生云：故父忠悃，官有封奏，私有家牘，他日尚可呈請別白；惟手詔關係重要，日後應當恭繳。宜謹密藏。即以是月扶柩歸里。道途霖雨積雪，所重者惟先皇帝手詔及故父一棺耳。今十三年矣！慘念生故父生平志行，惟與劉光第相契相規，此外並無苟同之處。且所奉先皇帝手詔尚庋藏臣家未繳，無以對先皇帝在天之靈。是以約同故父門人黄尚毅，敬齎手詔來京，籲懇代呈，以光先皇帝聖德。至生父拳拳臣節，所圖仰報先皇帝於萬一者，當時封奏諒已詳明。其生平論學制行，實與劉光第同其本末，今大學士張之洞撫晉督粤督楚時，亦所深見。謹懇奏請昭雪。奏入，留中。次年，又由資政院陳寶琛提議昭雪，通院贊成。奏入，政府卒閣不行，以迄於亡。

**散原精舍文集伍巡撫先府君行狀略云：**

〔光緒廿一年〕八月，詔授湖南巡撫。府君故官湖南久，習知其利病。而功績聲聞昭赫耳目間，爲士民所信愛。尤與其縉紳先生相慕嚮。平居嘗語人曰：「昔廉頗思用趙人，吾於湘人猶是也。」府君蓋以國勢不振極矣，非掃敝政，興起人材，與天下更始，無以圖存。陰念湖南據天下上游，號天下勝兵處。其士人率果敢負氣可用。又土地奧衍，煤鐵五金之産畢具。營一隅爲天下倡立富强根基，足備非常之變，亦使國家他日有所憑恃。故聞得湖南，獨竊喜自慰；而湖南人聞巡撫得府君，亦皆喜。是時湖南旱饑，赤地且千里，朝廷以爲憂。趣府君赴任，勿入覲。遂取海道入長沙。蓋湖南所被災州縣二十餘，瀏陽、醴陵、衡山最鉅。府君先傳電各行省大吏，乞互助。旬日達復電，有助金五六十萬，府君用是稍得藉手矣。首大振三縣。瀏陽伏匪倚災數倡亂，用縣人歐陽君中鵠領振，得無事。初，府君甫視事，即嚴販米出境令。亡何，米舟逾千艘聚岳州，譁變，且竄出。府君以米禁大係安危，遣某總兵持符亟遮之，誡立誅其首梗令者。由是悉挽而上，人心大定。凡府君所設方計，得次第振活都百數十萬人。當是時，非府君爲巡撫，湖南幾大亂。府君承困敝之後，綱紀放弛，吏益雜進，貪虐窳偷之風相煽，而公私儲藏既耗竭，萬事壞廢待理。府君以爲其要者在董吏治，闢利源；其大者在變士習，開民智，飭軍政，公官權。於是察劾府縣以下昏墨不職二十餘人，而代以幹良者。桃源令貪暴無人理，上其罪至遣戍。羣吏懍然，遂改觀。既設礦務局，別其目曰官辦，商辦，官商合辦；又設官錢局，鑄錢局，鑄洋圓局，以朱公昌琳領之。朱公七十餘，負幹略，以義俠聞四方，老謝客，獨爲府君出。又通電竿，接鄂至湘潭，以張君祖同領之。而時務學堂，算學堂，湘報館，南學會，武備學堂，製造公司之屬，以次畢設。又設保衛局，附遷善所，以鹽法道黄君遵憲領之。又屬黄君改設課吏館，草定章程。又選取赴日本學校生五十人，待發。其他蠶桑局，工商局，水利公司，輪舟公司，以及丈勘沅江漲地數十萬畝，皆已萌芽發其端。由是規模粗定。當是時，江君標爲學政，徐君仁鑄繼之，黄君遵憲來任鹽法道，署按察使，皆以變法開新治爲己任。其士紳負才有志意者，復慷慨奮發，迭起相應和，風氣幾大變。湖南之治稱天下，而謡諑首禍亦始此。先是府君既鋭興庶務，競自强，類爲湘人耳目所未習，不便者遂附會構煽，疑謗漸興。……復以學堂教習與康有爲連，愈益造作蜚語，怪幻不可究詰。徒以上意方嚮用府君，噤不得發。二十四年八月康梁難作，皇太后訓政，彈章遂蠭起。會朝廷所誅四章京而府君所薦楊鋭劉光第在其列，詔坐府君濫保匪人，遂斥廢。既去官，言者中傷周内猶不絶。於是府君所立法，次第寢罷，凡累年所腐心焦思，廢眠忘餐，艱苦曲折經營締造者，蕩然俱盡。獨礦務已取優利，得不廢。……與郭公嵩燾尤契厚，郭公方言洋務負海内重謗，獨府君推爲孤忠閎識，殆無其比。及巡撫湖南，郭公已先卒，遇設施或牴牾，輒自傷曰：郭公在不至是也。其爲治，規模遠大，務程功於切近。視國家之急逾其私。……復密陳籌餉振海軍，聯與國之策。故府君獨知時變所當爲而已，不復較孰爲新舊，尤無所謂新黨舊黨之見。康有爲之初召對也，即疏言其短長所在，推其疵弊。四章京之初直軍機亦然，曾疏言，變法事至重，四章京雖有異才，要資望輕而視事易。……政既變，復電達大學士榮禄，諷其遵主庇民，息黨禍，維元氣。

光緒朝東華録光緒二十四年二月壬戌條略云：

陳寶箴奏：臣於光緒二十二年，准禮部咨山西撫臣胡聘之奏請變通書院章程一摺，承准總理衙門諮議覆刑部左侍郎李端棻奏請推廣學校一摺；本年三月，又承准總理衙門咨議覆安徽巡撫鄧華熙奏，籌議添設學堂，請撥常年經費一摺，均奉旨依議咨飭通行。仰見我皇上獎勵實學，培養人材之至意。欽感莫名。自咸豐以來，削平寇亂，名臣儒將，多出於湘。其民氣之勇，士節之盛，實甲於天下。而恃其忠肝義膽，敵王所愾，不願師他人之長，其義憤激烈之氣，鄙夷不屑之心，亦以湘人爲最。近年聞見漸拓，風氣日開，頗以講求實學爲當務之急。臣自到任，迭與湘省紳士互商提倡振興之法：電信漸次安設，小輪亦已舉行。而紳士中復有聯合公司以機器製造者，士民習見，不以爲非。臣以爲因勢利導，宜及此時因材而造就之。當於本年秋冬之間，與紳士籌商，在省設立時務學堂，講授經史掌故，法律，格致，測算等實學。額設學生一百二十人，分次考選。而延聘學兼中西，品端識卓之舉人梁啓超，候選州判李維格，爲中學西學總教習。另設分教習四人。現已開學數月，一切規模均已粗具。省城舊有求賢書院，現據改爲武備學堂，略仿天津湖北新設規制，以備將才而肄武事。

同書光緒二十四年六月甲辰條（可參清史稿肆柒零楊深秀傳：「湖南陳寶箴圖治甚急，中蜚語。深秀爲剖辨之。上以特旨褒寶箴。寶箴迺得行其志。」等語。）略云：

目今時局艱難，欲求自強之策，不得不舍舊圖新。前因中外臣工，半多墨守舊章，曾經剴切曉諭，勗以講求時務，勿蹈宋明積習。諄諄訓誡，不啻三令五申。惟是朝廷用意之所在，大小臣工恐尚未盡深悉。現在應辦一切要務，造端宏大，條目煩多，不得不裒集衆長，折衷一是。遇有交議事件，內外諸臣，務當周諮博訪，詳細討論。毋緣飾經術，附會古義；毋固執成見，隱便身圖。倘或面從心違，希冀敷衍塞責，致令朝廷實事求是之義，愆其本旨，甚非朕所望於諸臣也。總之，中國現在病在痿痺，積弊太深，諸臣所宜力戒。即如陳寶箴，自簡任湖南巡撫以來，銳意整頓，即不免指摘紛乘。此等悠悠之口，屬在搢紳，仍隨聲附和；則是有意阻撓，不顧大局，必當予以嚴懲，斷難寬貸。當此時事孔棘，毖後懲前，深惟窮變通久之義，創辦一切，實具萬不得已之苦衷，用再明白申諭，爾諸臣其各精白乃心，力除壅蔽，上下以一誠相感，庶國是以定，治理蒸蒸日上，朕實有厚望焉。

同書光緒二十四年七月甲子條略云：

諭：陳寶箴奏：遵保人才，開單呈覽一摺：湖南候補道夏獻銘、試用道黃炳離、降調前内閣學士陳寶琛、内閣候補侍讀楊鋭、禮部候補主事黄英采、刑部候補主事劉光第、廣東候補道楊樞、試用道王秉恩、江蘇試用道歐陽霖、江西試用道惲祖祈、杜俞、湖北候補道徐家幹、江蘇候補道柯逢時、湖北試用道薛華培、候補道左孝同：以上各員，在京者著各該衙門傳知該員，預備召見。其餘均由各該督撫飭知來京，一體預備召見。

同書光緒二十四年七月辛未條云：

諭：内閣候補侍讀楊鋭、刑部候補主事劉光第、内閣候補中書林旭、江蘇候補知府譚嗣同，均著賞加四品卿銜，在軍機章京上行走，參預新政事宜。

同書光緒二十四年八月乙未條略云：

諭：大學士榮禄著管理兵部事務並節制北洋各軍，由禮部頒給關防。

諭：主事康有爲，實爲叛逆之首，現已在逃。舉人梁啓超，與康有爲狼狽爲奸，所著文字，語多狂謬，著一併嚴拿懲辦。康有爲之弟康廣仁、及御史楊深秀、軍機章京譚嗣同、林旭、楊鋭、劉光第等，實係與康有爲結黨，隱圖煽惑。楊鋭等每於召見時，欺蒙狂悖，密保匪人。實屬同惡相濟，罪大惡極。前經將各該犯革職，拿交刑部訊究。旋有人奏：若稽時日，恐有中變。朕熟思審處，該犯等情節較重，難逃法網。倘語多牽涉，恐致株累。是以未俟覆奏，於昨日諭令：將該犯等即行正法。

同書光緒廿四年八月辛丑條略云：

諭：湖南巡撫陳寶箴，以封疆大吏，濫保匪人，實屬有負委任。陳寶箴著即行革職，永不敘用。伊子吏部主事陳三立，招引奸邪，著一併革職。

同書光緒廿四年八月甲辰條云：

諭：陳寶箴昨已革職永不敘用。榮祿曾經保薦，茲據自請處分，……榮祿，著交部議處。

同書光緒廿四年八月丁未條略云：

〔懿旨〕現在時事艱難，以練兵爲第一要務，是以特簡榮祿爲欽差大臣，所有提督宋慶所部毅軍、提督董福祥所部甘軍、提督聶士成所部武毅軍、候補侍郎袁世凱所部新建陸軍，以及北洋各軍，悉歸榮祿節制，以一事權。

同書光緒二十四年九月辛亥條云：

諭：吏部奏遵議處分一摺，大學士榮祿應得降二級調用處分。著加恩改爲降二級留任。

寅恪案，綜合上列資料，先祖關於戊戌政變始末，可以概見矣。蓋先祖以爲中國之大，非一時能悉改變，故欲先以湘省爲全國之模楷，至若全國改革，則必以中央政府爲領導。當時中央政權實屬於那拉后，如那拉后不欲變更舊制，光緒帝既無權力，更激起母子間之衝突，大局遂不可收拾矣。那拉后所信任者爲榮禄，榮禄素重先祖，又聞曾保舉先君。（西人Backhouse所著慈禧外紀言及此事，寅恪昔舉以詢先君，先君答言不知。但其時先君摯友李木齋丈盛鐸在榮禄幕府，慈禧外紀所言，或非無因。又湖南文史館所輯參考資料中皮鹿門丈（錫瑞）日記，謂當時館中學正張公伯熙保薦二人，首爲康南海，次即先君。但先君於光緒二十三年丁酉十二月丁先祖母憂，依例丁憂人員不列保薦，故張公薦剡未列先君之名。榮禄之薦先君，不見於公牘，或亦此故歟？先君苟入京者，當與四章京同及於難。可謂不幸中之大幸矣。）先祖之意欲通過榮禄，勸引那拉后亦贊成改革，故推夙行西制而爲那拉后所喜之張南皮入軍機。首薦楊叔嶠（鋭），即爲此計劃之先導也。觀黄尚毅所記，知南皮與榮禄本無交誼，而先祖與榮禄之關係，則不相同也。當政變後，都中盛傳先祖必受發往新疆之嚴譴。如李端棻奏保康有爲及譚嗣同之例（見東華録光緒二十四年八月庚子條。）

然止於革職永不敍用之薄懲，實由榮禄及王元和碰頭乞請所致也。

先祖先君革職，歸寓南昌，不久，先祖逝世，先君移居金陵，以詩歌自遣。光緒二十九年癸卯，以次年爲慈禧七十壽辰，戊戌黨人除康梁外，皆復原官，但先君始終無意仕進，未幾袁世凱入軍機，其意以爲廢光緒之舉既不能成，若慈禧先逝，而光緒尚存者，身將及禍。故一方面贊成君主立憲，欲他日自任内閣首相，而光緒帝僅如英君主之止有空名。一方面欲先修好戊戌黨人之舊怨。職是之故，立憲之説興，當日盛流如張謇鄭孝胥皆贊佐其説，獨先君窺見袁氏之隱，不附和立憲之説。是時江西巡撫吴重憙致電政府，謂素號維新之陳主政，亦以爲立憲可緩辦。又當時資政院初設，先君已被舉爲議員，亦推卸不就也。袁氏知先君摯友署直隸布政使毛實君丈〔慶蕃〕，署保定府知府羅順循丈〔正鈞〕及吴長慶提督子彦復丈〔保初〕，依項城黨直隸總督楊士驤寓天津，皆令其電邀先君北遊。先君復電謂與故舊聚談，固所樂爲，但絶不入帝城。非先得三君誓言，決不啓行。三君遂復電謂止限於舊交之晤談，不涉他事。故先君至保定後，（可參散原精舍詩卷下「〔光緒三十二年丙午〕四月下旬至保定。越閏月二日實君布政兄讌集蓮花池」及「贈順循」詩。）至天津，歸途復過保定，（可參同書同卷「保定别實君順循，三日至漢口登江舟望月」詩。）遂南還金陵也。

# 寅恪先生詩存

# 寅恪先生詩存目録

**詩存補遺**

# 寅恪先生詩存

寅恪先生逝世前，唐曉瑩師母曾手寫先生詩集三册，一九六七年後因故遺失。現就本人手邊所有叢殘舊稿，按時間先後，録存若干篇。藉見先生詩之梗概云爾。一九七九年二月二日受業蔣天樞記。

## 庚戌柏林重九作　時聞日本合併朝鮮

昔時嘗笑王政君，臘日黑貂獨飲酒。長陵鬼餒漢社屋，區區節物復何有。今來西海值重陽，思問黄花呼負負。登臨無處覓龍山，閉置高樓若新婦。偶然東望隔雲濤，夕照蒼茫怯回首。驚聞千載箕子地，十年兩度遭屠剖。璽綬空辭上國封，傳車終嘆降王走。欲比虞賓亦未能，伏見猶居昌德右。日本併朝鮮，封其主爲昌德君，位列伏見宮下。陶潛已去羲皇久，我生更在陶潛後。興亡今古鬱孤懷，一放悲歌仰天吼。

## 追憶遊那威詩 并序

宣統三年春，余旅居柏林。脚氣舊病復作，於是轉地療養，北遊那威，二旬而愈。遊踪所至，頗有題詠。今幾盡忘之矣，偶憶得詩三首，因追記之。其三首之七八兩句，乃三十四年後所補成者，當時原作何語寔不可知也。

### 北海舟中

孤懷入海彌難説，水鳥舟人共此遊。東地巨環迎北小，拍天萬水盡南流。斜陽大月中宵見，Midnight Sun 爲那威奇景。故國新聲一笑休。舟人共唱波蘭新曲。忽憶江南黄篾舫，幾時歸去作遨頭。是時余家居金陵。

### 易卜生墓

清遊十日飽冰霜，來弔詞人暖肺腸。東海何期通寤寐，北歐今始有文章。疎星冷月全天趣，白雪滄波綴國妝。那威女郎多衣繡衣一襲，所謂國妝者是也。余取以喻易卜生作品。平淡恢奇同一笑，大槌碑下對斜陽。墓碑上刻有大槌一具。

## 皮桓生墓

嗟予渺渺偏能至，惜汝離離遽已陳。士有相憐寧識面，生原多恨此傷神。藏名馬鬣非無意，墓無碑碣，不識何意。投老龍心稍未馴。回首鄉關三萬里，千年文海亦揚塵。

## 宣統辛亥冬大雪後乘火車登瑞士恩嘉丁山頂作 時將歸國

造物作畫真奇恢，下筆不假丹與煤。粉白一色具深意，似爲俗眼揩塵埃。車行蜿蜒上絶壁，蒼龍翹首登銀臺。杉松夾道戴冰雪，風過撞擊鳴瓊瑰。碧泉噴沫流澗底，恍若新瀉葡萄醅。直須酌取供渴飲，惜我未辦玻璃杯。我生東南山水窟，亦涉弱水遊蓬萊。每逢雪景輒探賞，何曾見此千玉堆。車窗凝望驚歎久，鄉愁萬里飛空來。

法京舊有選花魁之俗余來巴黎適逢其事偶覽國内報紙忽覩大總統爲終身職之議戲作一絶

歲歲名都韻事同，又驚啼鴂喚東風。花王那用家天下，佔盡殘春也自雄。

癸丑冬倫敦繪畫展覽會中偶見我國新嫁娘鳳冠感賦 此三十八年前舊作庚寅冬偶憶得之

氍毹迴首暗雲鬟，兒女西溟挹袖看。故國華胥今夢破，洞房金雀尚人間。承平舊俗憑誰問，文物當時賸此冠。殘域殘年原易感，又因觀畫淚汍瀾。

輓王静安先生

敢將私誼哭斯人，文化神州喪一身。越甲未應公獨恥，甲子歲馮兵逼宮，柯羅王約同死而不果。戊辰馮部將韓復榘兵至燕郊，故先生遺書謂「義無再辱」，意即指此。遂踐舊約自沈於昆明湖，而柯羅則未死。余詩「越甲未應公獨恥」者蓋指此言。王維老將行「恥令越甲鳴吾君」，此句所本。事見劉向說苑。湘纍寧與俗同塵。吾儕所學關天意，並世相知妬道真。贏得大清乾浄水，年年嗚咽說靈均。

## 王觀堂先生輓詞 并序

癸巳秋遊粵，侍師燕談，間涉及晚清掌故及與此詩有關處，歸後因記所聞，箋注於詩句下。甲午元夕補記。

或問觀堂先生所以死之故。應之曰：近人有東西文化之說，其區域分劃之當否，固不必論，即所謂異同優劣，亦姑不具言；然而可得一假定之義焉。其義曰：凡一種文化值衰落之時，爲此文化所化之人，必感苦痛，其表現此文化之程量愈宏，則其所受之苦痛亦愈甚；迨既達極深之度，殆非出於自殺無以求一己之心安而義盡也。吾中國文化之定義，具於白虎通三綱六紀之說，其意義爲抽象理想最高之境，猶希臘柏拉圖所謂 Idea 者。若以君臣之綱言之，君爲李煜亦期之以劉秀；以朋友之紀言之，友爲酈寄亦待之以鮑叔。其所殉之道，與所成之仁，均爲抽象理想之通性，而非具體之一人一事。夫綱紀本理想抽象之物，然不能不有所依託，以爲具體表現之用；其所依託以表現者，實爲有形之社會制度，而經濟制度尤其最要者。故所依託者不變易，則依託者亦得因以保存。吾國古來亦嘗有悖三綱違六紀無父無君之說，如釋迦牟尼外來之教者矣，然佛教流傳播衍盛昌於中土，而中土歷世遺留綱紀之說，曾不因之以動搖者，其說所依託之社會經濟制度未嘗根本變遷，故猶能藉之以爲寄命之地也。近數十年來，自道光之季，迄乎今日，社會經濟之制度，以外族之侵迫，致劇疾之變遷；綱紀之説，無所憑依，不待外來學説之掊擊，而已銷沉淪喪於不知覺之間；雖有人焉，强聒而力持，亦終歸於不可救療之局。蓋今日之赤縣神州值數千年未有之鉅劫奇變；劫盡變窮，則此文化精神所凝聚之人，安得不與之共命而同盡，此觀堂先生所以不得不死，遂爲天下後世所極哀而深惜者也。至於流俗恩怨榮辱委瑣齷齪之説，皆不足置辨，故亦不之及云。

漢家之厄今十世，宋汪藻浮溪集載代隆祐后孟氏所草高宗即位詔有云：「漢家之厄十世，宜光武之中興；獻公之子九人，惟重耳之尚在。」宋徽宗子九人，惟高宗在，故云。清代自順治至宣統適爲十朝。不見中興傷老至。一死從容殉大倫，千秋悵望悲遺志。曾賦連昌舊苑詩，興亡哀感動人思。豈知長慶才人語，竟作靈均息壤詞。王先生壬子春在日本時，作長詩頤和園詞述晚清事，中有句云：「昆明萬壽佳山水，中間宮殿排雲起。拂水回廊千步深，冠山傑閣三層峙。」後竟自沈排雲殿前湖中。依稀廿載憶光宣，猶是開元全盛年。杜工部憶昔詩云：憶昔開元全盛日。海宇承平娱旦暮，京華冠蓋萃英賢。當日英賢誰北斗，南皮太保方迂叟。南皮卒後追贈太保。抱冰堂弟子記載文襄自比司馬光，迂叟，温公自號也。忠順勤勞矢素衷，文襄嘗自言，在武昌時自矢於陶侃之忠順勤勞。故鄭孝胥海藏樓詩有「忠順勤勞是本根」之句。陳曾壽讀廣雅堂詩一文中載「蘇堪一日（侍文襄）雅座便談，謂公方之古人，所謂忠順勤勞似孔明也。公爲之起立，謙讓不遑，而慨歎首肯者再，蓋深知公之心者。」晉書陶侃傳梅陶論侃有「忠順勤勞似孔明」語也。又言：「文襄生平以陶侃自況，其過桓公祠詩云：虚譽迴翔殊庾亮，替人辛苦覓愆期。」中西體用資循誘。文襄著勸學篇，主中學爲體，西學爲用。總持學部攬名流，文襄以軍機大臣協辦大學士管理學部事務。樸學高文一例收。圖籍藝風充館長，名詞瘉埜領編修。瘉埜謂嚴幾道復，復有瘉埜堂詩集。校讎鞮譯憑誰助，學部有名詞編譯館，以嚴復主之。又有京師圖書館，以繆荃孫主之。王先生當日雖頗譯外國書，其實並與繆嚴無關涉。此詩句不過承上文「攬名流」之語，羅叔言見此詩，遺書辨釋，蓋未瞭解詩意也。海寧大隱潛郎署。王先生於光緒三十二年壬午隨羅叔言至京，次年以榮慶薦在學部總務司行走，充學部圖書館編輯。是後數年間專力於詞曲。文選王康琚反招隱詩：小隱隱陵藪，大隱隱朝市。入洛才華正妙年，渡江流輩推清譽。閉門人海恣冥搜，董白關王供討求。剖別派流施品藻，宋元戲曲有陽秋。王先生於此時初草宋元戲曲史，後改稱宋元大曲考。先生嘗語余，戲曲史之名可笑。蓋嫌其名不雅且範圍過廣不切合內容也。沈酣朝野仍如故，巢燕何曾危幕懼。君憲徒聞俟九年，廟謨已是爭孤注。當時預備立憲十年，清廷迫於在野輿論，減少一年，正宋人謂寇準勸真宗渡河爲爭最後之孤注也。羽書一夕警江城，倉卒元戎自出征。武漢革命軍興，陸軍部大臣蔭昌親率兵至武漢，一戰而敗。初意潢池嬉小盜，遽驚烽燧照神京。養兵成賊嗟翻覆，指黎元洪。孝定臨朝空痛哭。袁世凱任總統後宋育仁著共和真諦，大旨謂共和之名起於周厲王失位，共伯和乃周室大臣，暫時攝政，俟宣王年長乃歸政焉。世凱應亦如此。勞乃宣爲其書作序。世凱乃下令自述其柄政之由，有「孝定景皇后臨朝痛哭」之語。育仁本王闓運高弟，時任職國史館。袁乃押解宋育仁還四川原籍，勞居青島，袁不能加罪，於是國史館長湘綺翁不得不南歸矣。再起妖腰亂領臣，杜大食寶刀歌有妖腰亂領之句。遂傾寡婦孤兒族。晉書載記石勒傳：勒曰：大丈夫行事當礌礌落落，如日月皎然，終不能如曹孟德司馬仲達父子，欺他寡婦孤兒，狐媚以取天下也。養兵下四句全詩綱領，清室之亡可以此四句簡括之也。大都城闕滿悲笳，北京元號大都。詞客哀時未還家。自分琴書終寂寞，豈期舟楫伴生涯。回望觚稜涕泗漣，波濤重泛海東船。先生早歲游學日本，清帝遜位後復從羅叔言重游日本。生逢堯舜成何世，去作夷齊各自天。江東博古矜先覺，指羅雪堂。羅隱有江東甲乙集。避地相從勤講學。島國風光換歲時，鄉關愁思增綿邈。大雲書庫富收藏，古器奇文日品量。考釋殷書開盛業，鉤探商史發幽光。羅叔言得敦煌石室六朝寫本大雲經殘本因以名其書庫。王先生此時始從事甲骨考古之學，與其前所研究者範圍不同矣。當世通人數舊遊，外窮瀛渤内神州。伯沙博士同揚搉，法人伯希和沙畹兩博士。海日尚書互倡酬。沈曾植，宣統復辟時學部大臣。有海日樓詩集。法國漢學者曾勸羅王兩先生往遊巴黎，然終不果。余之得識伯希和於巴黎由先生作書介紹也。先生詩集中有與沈乙庵唱和詩，蓋返自日本居上海時所作。東國儒英誰地主，藤田狩野内藤虎。日人藤田豐八、狩野直喜、内藤虎次郎。内藤别號湖南。羅先生昔年在上海設東文翻譯社，延藤田豐八講授日文。先生從之受學。故此句三人中列藤田第一，不僅音韻關係。至於内藤虎列第三，則以虎字爲韻脚之故，其實此三人中内藤虎之學最優也。豈便遼東老幼安，還如舜水依江户。明代遺老朱舜水避地日本，日人從之受學。當時日本國政在大將軍。大將軍居江户，即今之東京。舜水之得居日本，大將軍力也。高名終得徹宸聰，徵奉南齋禮數崇。王先生以大學士升允薦，與袁勵準楊宗羲羅振玉同入直南書房。清代舊制，在南書房行走者多爲翰林甲科。袁楊固翰林，羅雖非由科第顯，然在清末已任學部參事。先生僅以諸生得預兹選，宜其有國士知遇之感也。屢檢秘文升紫殿，曾聆法曲侍瑶宫。嘗奉命在景陽宫檢查書籍，又在御花園漱芳齋敕賜官戲。文學承恩值近樞，鄉賢敬業事同符。查初白康熙時侍尚書房，有敬業堂集，查亦海甯人也。君期雲漢中興主，臣本煙波一釣徒。查集謝賜魚詩有「笠簷蓑袂平生夢，臣本煙波一釣徒」句。是歲中元周甲子，康有爲詩有句云：「中元甲子天心復。」蓋前一甲子在同治時，世稱中興也。神皋喪亂終無已。堯城雖局小朝廷，水經注有囚堯城。漢室猶存舊文軌。辛亥優待條件許可宮中仍用舊制度。忽聞擐甲請房陵，杜甫贈狄明府詩云：「梁公之孫我姨弟」，又云：「宮中下詔請房陵，前朝長老皆流涕。」房陵謂中宗。奔問皇輿泣未能。優待珠槃原有誓，珠槃見周禮。庚子山哀江南賦云：「載書橫階，捧珠槃而不定。」清室之遜位，蓋由奕劻袁世凱給隆裕太后以優待條件如盟誓之可保信，有國際條約之性質云云。宿陳芻狗遽無憑。神武門前御河水，好報深恩酬國士。南齋侍從欲自沈，指羅振玉。南齋，南書房。北門學士邀同死。北門學士指柯紹忞。柯爲翰林院侍講學士。唐高宗時詔文學之士於北門討論，故以北門爲翰林院之代稱。羅柯曾約王共投神武門外御河殉國，卒不果，後王先生之自沈昆明湖，實有由也。魯連黃鷂績溪胡，昌黎集嘲魯連子詩：「魯連細而黠，有似黃鷂子。田巴兀老蒼，憐汝矜爪觜。」蓋王先生之入清華，胡所薦也。獨爲神州惜大儒。學院遂聞傳絶業，園林差喜適幽居。清華學院多英傑，其間新會稱耆哲。舊是龍髯六品臣，梁先生於戊戌以舉人資格特賞六品頂戴，辦理編譯事宜。後躋馬廠元勳列。梁先生通電中比張勳爲朱温，亦間詆康，費仲深樹蔚詩云：「首事固難同翟義，元兇何至比朱温。」梁先生當張勳復辟時避居天津租界，與段祺瑞乘騾車至馬廠段部將李長泰營中，遂舉兵。所發通電中並詆及南海，實可不必，余心不謂然故此詩及之。龍髯六品、馬廠元勳兩句屬對略符趙甌北論吴梅村詩之旨。此詩成後即呈梁先生，梁亦不以爲忤也。鯫生瓠落百無成，敢並時賢較重輕。元祐黨家慚陸子，渭南集書啓有：「以元祐之黨家，話貞元之朝士。」又云：「哀元祐之黨家，今其餘幾；數紹興之朝士，久矣無多。」

放翁祖父陸佃，名列元祐黨人碑。陸佃荆公門人，後又爲司馬黨。西京羣盜愴王生。用王粲七哀詩意。粲祖父暢，漢三公。杜詩：「羣盜哀王粲。」許我忘年爲氣類，北海今知有劉備。後漢書孔融傳，融使人求救於平原相劉備，備驚曰：孔北海乃復知天下有劉備邪。曾訪梅真拜地仙，喻訪王。梅真即梅福，福字子真。世傳梅福爲地仙。梅真之稱，猶揚子雲可稱揚雲。梅福西漢避王莽之篡者也。漢書有傳。更期韓偓符天意。希王先生之不死也。玉山樵人集避地詩有「偷生亦似符天意」句。韓偓唐代避朱全忠之篡者也。新唐書有傳。回思寒夜話明昌，陳先生曾在清華工字廳與王先生話清朝舊事。遺山集除夜詩：「神功聖德三千牘，大定明昌五十年。甲子兩周今日盡，空將老淚灑吴天。」明昌，金章宗年號，金之盛世也。相對南冠泣數行。猶有宣南温夢寐，不堪灞上共興亡。遺山詩：「只知灞上真兒戲，誰謂神州竟陸沉。」蓋用周亞夫事，見史記、漢書。齊州禍亂何時歇，爾雅：九州謂之齊州。今日吾儕皆苟活。但就賢愚判死生，未應修短論優劣。駁陸懋德論王先生文中意。風義生平師友間，李義山哭劉蕡詩云：「平生風義兼師友，不敢同君哭寢門。」招魂哀憤滿人寰。他年清史求忠蹟，一弔前朝萬壽山。

## 戊辰中秋夕渤海舟中作

天風吹月到孤舟，哀樂無端託此遊。影底河山頻换世，愁中節物易驚秋。初升紫塞雲將合，照澈滄波海不流。解識陰晴圓缺意，有人霧鬢獨登樓。

## 閲報戲作二絶 庚午

弦箭文章苦未休，權門奔走喘吴牛。自由共道文人筆，最是文人不自由。

石頭記中劉老老，水滸傳裏王婆婆。他日爲君作佳傳，未知真與誰同科。

## 辛未九一八事變後劉宏度自瀋陽來北平既相見後即偕遊北海天王堂

曼殊佛土已成塵，猶覓須彌劫後春。天王堂前有石牌坊。鐫須彌春三字。遼海鶴歸渾似夢，玉灤龍去總傷神。耶律鑄雙溪醉隱集有龍飛東海玉灤春之句。空文自古無長策，大患吾今有此身。欲著辨亡還閣筆，衆生顛倒向誰陳。

## 壬申題萍鄉文芸閣廷式雲起軒詩集中咸葉刻本誤作感通七律後

無端端己廢題箋，此意追思一泫然。隔世相憐彌悵惘，平生多恨自纏綿。金輪武曌時還異，石窟文成夢已仙。莫寫浣花秦婦障，廣明離亂更年年。

## 和陶然亭壁間女子題句 詳見俞平伯和詩序

故國遥山入夢青，江關客感到江亭。沈乙庵先生海日樓集陶然亭詩云：江亭不關江，偏感江關客。不須更寫丁香句，轉怕流鶯隔世聽。鍾阜徒聞蔣骨青，蔣子文骨青事出搜神記。傳世干書通行本青字多誤作清或輕。也無人對泣新亭。南朝舊史皆平話，説與趙家莊裏聽。

## 燕京西郊吴氏園海棠 甲戌春作

此生遺恨塞乾坤，照眼西園更斷魂。蜀道移根銷絳靨，吴妝流眄伴黄昏。尋春衹博來遲悔，望海難温往夢痕。李文饒謂凡草木之以海名者皆本從海外來也。欲折繁枝倍惆悵，天涯心賞幾人存。

## 戊寅春晚蒙自樓居作

無端來此送殘春，一角危樓獨愴神。讀史早疑今日事，對花還憶去年人。渡江愍度飢難救，棄世君平俗更親。解識蠻山留我意，赤榴如火緑榕新。

## 戊寅蒙自七夕

銀漢横窗照客愁，涼宵無睡思悠悠。人間從古傷離别，真信人間不自由，

## 别蒙自

我昔來時春水荒，我今去時秋草長。來去匆匆數月耳，湖山一角已滄桑。

## 己卯春日劉宏度自宜山寄詩言擬遷眉州予亦離昆明往英倫因賦一律答之

得讀新詩已淚零，不須藉卉對新亭。路人苦信烏頭白，野老驚回柳眼青。萬里乾坤孤注盡，百年身世短炊醒。入山浮海都非計，悔恨平生識一丁。

## 庚辰元夕作時旅居昆明

魚龍燈火鬧春風，彷彿承平舊夢同。人事倍添今日感，園花猶發去年紅。淮南米價驚心問，中統銀鈔入手空。念昔傷時無可說，賸將詩句記飄蓬。

## 庚辰暮春重慶夜歸作

自笑平生畏蜀遊，無端乘興到渝州。千年故壘英雄盡，萬里長江日夜流。食蛤那知天下事，看花愁近最高樓。行都燈火春寒夕，一夢迷離更白頭。

## 壬午元旦對盆花感賦 太平洋戰起困居香港時作

寂寞盆花也自開，移根猶憶手親栽。雲昏霧濕春仍好，金蹶元興夢未回。乞米至今餘斷帖，埋名從古是奇才。劫灰滿眼看愁絶，坐守寒灰更可哀。

## 壬午五月發香港至廣州灣舟中作用義山無題韻

萬國兵戈一葉舟，故邱歸死不夷猶。袖中縮手嗟空老，紙上刳肝或少留。此日中原真一髮，當時遺恨已千秋。讀書久識人生苦，未待崩離早白頭。

## 予挈家由香港抵桂林已逾兩月尚困居旅舍感而賦此

不生不死欲如何，三月昏昏醉夢過。殘賸山河行旅倦，亂離骨肉病愁多。江東舊義飢難救，支愍度事。浯上新文石待磨。萬里乾坤空莽蕩，百年身世任蹉跎。

## 壬午桂林雁山七夕 桂林良豐山居時作

香江乞巧上高樓，瓜果紛陳伴粵謳。羿彀舊遊餘斷夢，雁山佳節又清秋。已涼天氣沈沈睡，欲曙星河淡淡收。不是世間兒女意，國門生入有新愁。

## 輓張蔭麟二首 良豐山居時作

流輩論才未或先，著書曾用牘三千。共談學術驚河漢，與叙交情忘歲年。自叙汪中疑太激，叢編勞格定能傳。孤舟南海風濤夜，戊寅赴越南，與君同舟。回憶當時倍惘然。

大賈便便腹滿腴，可憐腰細是吾徒。九儒列等真鄰丐，五斗支糧更殞軀。世變早知原爾爾，國危安用較區區。聞君絶筆猶關此，懷古傷今倂一吁。

## 癸未春日感賦 時居桂林雁山別墅

滄海生還又見春，豈知春與世俱新。讀書漸已師秦吏，鉗市終須避楚人。九鼎銘辭争頌德，百年粗糲總傷貧。周妻何肉尤吾累，大患分明有此身。

## 楊遇夫寄示自壽詩五首即賦一律祝之

魯經漢史費研尋，聖籍神皋夜夜心。一代儒宗宜上壽，七年家國付長吟。蔽遮白日兵塵滿，寂寞玄文酒盞深。莫道先生貧勝昔，五詩猶抵萬黄金。

## 甲申春日謁杜工部祠

少陵祠宇未全傾，流落能來奠此觥。一樹枯柟吹欲倒，千竿惡竹斬還生。人心已漸忘離亂，天意真難見太平。歸倚小車還似醉，暮鴉哀怨滿江城。

## 聞道 白日黄鷄

聞道飛車幾萬程，蓬萊恩怨未分明。玉顔自古關興廢，金鈿何曾足重輕。白日黄鷄遲暮感，青天碧海别離情。長安不見佳期遠，惆悵陳鴻説華清。

## 甲申除夕自成都存仁醫院歸家後作

爆竹聲中獨閉門，蕭條景物似荒村。萬方兵革家猶在，七載流離目更昏。時事厭聞須掩耳，古人久死欲招魂。六齡稚女扶牀戲，彷彿承平舊夢痕。

## 目疾久不癒書恨

天其廢我是耶非，嘆息萇弘强欲違。著述自慚甘毀棄，妻兒何託任寒飢。西浮瀛海言空許，北望幽燕骨待歸。先君柩暫厝北平，待歸葬西湖。彈指八年多少恨，蔡威唯有血霑衣。

## 目疾未癒擬先事休養再求良醫以五十六字述意不是詩也

澒洞風塵八度春，蹉跎病廢五旬人。少陵久負看花眼，東郭空留乞米身。日食萬錢難下箸，月支雙俸尚憂貧。張公高論非吾解，見晉書范甯傳。攝養巢仙語較真。巢公論養生語見渭南詩集及老學庵筆記。

## 乙酉春病目不能出户室中案頭有瓶供海棠折枝忽憶舊居燕郊清華園寓廬手植海棠感賦

今年病榻已無春，獨對繁枝一愴神。世上欲枯流淚眼，天涯寧有惜花人。雨過錦里愁泥重，酒醒黄州訝雪新。萬里舊京何處所，青陽如海隔兵塵。

## 憶故居 并序

寒家有先人之敝廬二，一曰峙廬，在南昌之西門，門懸先祖所撰聯，曰「天恩與松菊，人境託蓬瀛」。一曰松門別墅，在廬山之牯嶺，前有巨石，先君題「虎守松門」四大字。今卧病成都，慨然東望，暮境蒼茫，因憶平生故居，賦此一詩，庶親朋覽之者，得知予此時之情緒也。

渺渺鐘聲出遠方，依依林影萬鴉藏。一生負氣成今日，四海無人對夕陽。破碎河山迎勝利，殘餘歲月送悽涼。松門松菊何年夢，且認他鄉作故鄉。吴宓注：時盟軍攻陷柏林，四月二十七日墨索里尼死于 CoMo 湖畔，日本勢亦窮蹙。

## 五十六歲生日三絶 乙酉仲夏五月十七日

去年病目實已死，雖號爲人與鬼同。可笑家人作生日，宛如設祭奠亡翁。

鬼鄉人世兩傷情，萬古書蟲有嘆聲。淚眼已枯心已碎，莫將文字誤他生。

女癡妻病自堪憐，況更流離歷歲年。願得時清目復朗，扶攜同泛峽江船。

## 乙酉新曆七夕 成都新民報近聞

七夕來時果有期，仙家蹤跡總迷離。聲容胡漢花爭妒，恩怨瓊簫鏡未虧。海外長門成短別，人間舊好勝新知。劉郎將種兼情種，莫道京華似弈棋。

## 十年詩用聽水齋韻 并序

乙酉七月與公逸夜話作也。詩凡四篇，篇有十年意，因以爲名焉。

天迴地動此何時，不獨悲今昔亦悲。與我傾談一夕後，恨君相見十年遲。舊聞柳氏誰能次，密記冬郎世未知。海水已枯桑已死，傷心難覆爛柯棋。

十載長安走若狂，玄都争共賞瑶芳。豈知紫陌紅塵路，遽作荒葵野麥場。歌舞又移山峽地，興亡誰酹六朝觴。去年崔護如回首，前度劉郎更斷腸。

金谷繁華四散空，但聞啼鳥怨東風。樓臺基壞叢生棘，花木根虚久穴蟲。蝶使幾番飛不斷，蟻宮何日戰方終。十年孤負春光好，嘆息園林舊主翁。
贏得聲名薄倖留，十年夢覺海西頭。擘釵合鈿緣何事，換羽移宮那自由。夜永獨愁眠繡被，
雨寒遥望隔紅樓。當初一誓長生殿，遺恨千秋總未休。

## 玄菟

前朝玄菟陣雲深，興廢循環夢可尋。秦月至今長夜照，漢關從此又秋陰。當年覆轍當年恨，
一寸殘山一寸金。留得宣和頭白老，錦江衰病獨哀吟。

余昔寓北平清華園嘗取唐代突厥回紇土蕃石刻補正史事今聞時議感賦一詩

唐碑墨本手摩挲，回憶當時感慨多。邏逤不煩飛驛鳥，和林還別貢峯駝。賜秦鶉首天仍醉，
受虜狼頭世敢訶。自古長安如弈戲，收枰一着奈君何。

## 漫成

北漢西番遠不通，前朝多事耀邊功。如今萬里成甌脱，笑殺當年左企弓。

## 乙酉八月十一日晨起聞日本乞降喜賦

降書夕到醒方知，何幸今生見此時。聞訊杜陵歡至泣，還家賀監病彌衰。國讐已雪南遷耻，家祭難忘北定時。丁丑八月先君臥病北平，彌留時猶問外傳馬廠之捷確否。念往憂來無限感，喜心題句又成悲。

## 漫誇　乙酉八月十二日作

漫誇朔漠作神京，海藏樓詩有句云：欲迴朔漠作神京。八寶樓臺一夕傾。延祚豈能同大石，附庸真是類梁明。

收場傀儡牽絲戲，貽禍文殊建國名。别有宣和遺老恨，遼金興滅意難平。

## 連日慶賀勝利以病目不能出女嬰美延亦病相對成一絶

大酺三日樂無窮，獨臥文盲老病翁。舊學漸荒新不進，自編平話戲兒童。

## 乙酉八月二十七日閱報作

目閉萬方愁，蛙聲總未休。乍傳降島國，連報失邊州。大亂機先伏，吾生命不猶。可憐卅載後，仍苦説刀頭。

## 成都秋雨

北客雲遮眼，西川雨送秋。鴞聲啼不斷，蝸角戰方休。天意真無定，田家儻有收。餘生成廢物，得飽更何求。

## 乙酉九月三日日本簽訂降約於江陵感賦

夢裏匆匆兩乙年，竟看東海變桑田。燃萁煮豆萁先盡，縱火焚林火自延。來日更憂新世局，衆生誰懺舊因緣。石頭城上降幡出，回首春帆一慨然。光緒乙未，中日訂約於馬關之春帆樓。

## 春帆樓 并序

光緒乙未，李合肥與日本訂約於馬關之春帆樓，吳桐城題其處曰傷心之地。儀叟者，合肥晚歲自號也。

取快恩仇誠太淺，指言果報亦茫然。當年儀叟傷心處，依舊風光海接天。

## 乙酉秋赴英療治目疾自印度乘水上飛機至倫敦途中作

眼暗猶思得復明，强扶衰病試飛行。還家魂夢穿雲斷，去國衣裝入海輕。異域豈能醫異疾，前遊真已隔前生。三洲四日匆匆過，多少傷今念昔情。

乙酉秋來英倫療治目疾遇熊式一君以所著英文小説「天橋」見贈即題二絶句

海外熊林語堂各擅場，王前盧後費評量。北都舊俗非吾識，林著瞬息京華。愛聽天橋話故鄉。天橋在南昌城外。

名列仙班目失明，結因茲土待來生。抱君此卷獨歸去，何限天涯祖國情。

南朝

金粉南朝是舊遊，徐妃半面足風流。蒼天已死三千歲，青骨成神二十秋。去國欲枯雙目淚，浮家虚説五湖舟。英倫燈火高樓夜，傷別傷春更白頭。

北朝

羊酪蓴羹事已陳，長江天塹局翻新。金甌再缺河南地，玉貌争誇塞外春。虎旅漢營旗幟改，鵾絃胡語怨恩頻。惟餘數卷伽藍記，淚漬千秋紙上塵。

來英治目疾無效將返國寫刻近撰元白詩

眼昏到此眼昏旋，辜負西來萬里緣。杜老花枝迷霧影，米家圖畫滿雲煙。餘生所欠爲何物，後世相知有別傳。歸寫香山新樂府，女嬰學誦待他年。

大西洋舟中記夢

貧賤夫妻已足哀，亂離愁病更相催。舟中正苦音書斷，夢裏何期笑語來。去國羈魂銷寂寞，徐騎省集李後主挽詩云：此身雖未死，寂寞已銷魂。還家生事費安排。風波萬里人間世，願得孤帆及早回。

丁亥元夕用東坡韻

萬里烽煙慘澹天，照人明月爲誰妍。觀兵已抉城門目，求藥空回海國船。階上魚龍迷戲舞，詞中梅柳泣華年。光緒庚子元夕，先母授以姜白石詞「柳慳梅小未教知」之句。舊京節物承平夢，未忍匆匆過上元。

丁亥春日清華園作

葱葱佳氣古幽州，隔世重來淚不收。桃觀已非前度樹，藁街長是最高樓。名園北監仍多士，老父東城有獨憂。惆悵念年眠食地，一春殘夢上心頭。

無題

舟中悵望夢難尋，繡被焚香夜夜心。武帝弘規金屋衆，文君幽恨鳳絃深。催妝青女羞還却，隔雨紅樓冷不禁。寫盡相思千萬紙，東牆消息費沈吟。

丁亥春日閲花隨人聖盦筆記深賞其遊暘臺山看杏花詩因題一律

當年聞禍費疑猜，今日開編惜此才。世亂佳人還作賊，劫終殘帙幸餘灰。荒山久絶前遊盛，斷句猶牽後死哀。見說睗臺花又發，詩魂應悔不多來。

戊子元夕放燄火呼鄰舍兒童聚觀用東坡韻作詩紀之

火樹銀花映碧天，可憐只博片時妍。羣兒正賭長安社，舉國如乘下瀨船。坡老詩篇懷舊俗，杜陵鼙鼓厭哀年。新春不在人間世，夢覓殘梅作上元。

戊子三月二十五日清華寓園海棠下作

北歸默默向誰陳，一角園林獨愴神。尋夢難忘前度事，種花留與後來人。江城地瘴憐孤豔，東坡定惠院海棠詩云：江城地瘴蕃草木，惟有名花苦幽獨。海國妝新效淺顰。李文饒謂凡草木之以海名者，皆本從海外來也。賸取題詩記今日，繁枝雖好近殘春。

## 丙戌春旅居英倫療治目疾無效取海道東歸戊子冬復由上海乘輪至廣州感賦

又附樓船到海涯，東歸短夢不勝嗟。求醫未獲三年艾，避地難希五月花。形貌久供兒女笑，文章羞向世人誇。毀車殺馬平生志，太息維摩尚有家。

## 己丑清明日作用東坡韻

樓臺七寶倏成灰，天塹長江安在哉。嶺海移家春欲暮，清明上冢夢初回。餘生流轉終何止，將死煩憂更沓來。紙爐不飛鴉鎩羽，眼枯無淚濺花開。

## 己丑送春

無風無雨送殘春，一角園林獨愴神。燭照已非前夕影，枝空猶想去年人。遼西夢恨中宵斷，江左妝誇半面新。最是芳時彈指盡，蝶蜂飛懶倍霑巾。

## 己丑夏日

綠陰長夏亦何爲，消得收枰敗局棋。自我失之終可惜，使公至此早皆知。羣兒只博今朝醉，故老空餘後死悲。玉石崑岡同一燼，劫灰遺恨話當時。

## 青鳥

青鳥傳書海外來，玉箋千版費編裁。可憐漢主求仙意，只博胡僧話劫灰。無醬臺城應有愧，未秋團扇已先哀。興亡自古尋常事，如此興亡得幾回。

## 哀金圓 己丑夏作

趙莊金圓如山堆，路人指目爲濕柴。粵俗呼物之無用者曰濕柴。濕柴待乾尚可爨，金圓棄擲頭不回。盲翁擊鼓聚村衆，爲説近事金圓哀。是非不倒乃信史，匪與平話同體裁。睦親坊中大腹賈，字畫四角能安排。備列社會賢達選，達誠達矣賢乎哉。進位樞府司國計，幣制改革寧旁推。

金圓條例手自訂，新令頒布若震雷。金銀外幣悉收兑，期限迫促難徘徊。違者没官徒七歲，法網峻密無疏恢。更置重賞獎揭發，十取其四分羹杯。子告父母妻告壻，骨肉親愛相讐猜。指揮緹騎貴公子，闖户掘地搜私埋。中人之産能值幾，席捲而去飆風迴。又以物價法制限，狡計遂出黄牛魁。嗾使徒黨强争購，車馬阻塞人填街。米肆門前萬蟻動，顛仆叟媪啼童孩。屠門不殺菜擔匿，即煮粥啜仍無煤。人心惶惶大禍至，誰恤商販論贏虧。百年互市殷盛地，怪狀似此殊堪駭。有嫠作苦逾半世，儲蓄銀餅纔百枚。豈期死後買棺葬，但欲易米支殘骸。悉數獻納換束紙，猶恐被竊藏襟懷。黄金條與土同價，齊高弘願果不乖。王璵媚鬼尚守信，冥楮流用周夜臺。金圓數月便廢罷，可恨可歎還可咍。黨家專政二十載，大廈一旦梁棟摧。亂源雖多主因一，民怨所致非兵災。譬諸久病命未絶，雙王符到火急催。金圓之符誰所畫，臨安書棚王佐才。盲翁説竟鼓聲歇，聽衆歎息顔不開。中有一人録翁語，付與好事傳將來。

## 純陽觀梅花

我來祇及見殘梅，歎息今年特早開。花事已隨浮世改，苔根猶是舊時栽。名山講席無儒士，勝地仙家有劫灰。遊覽總嫌天宇窄，更指病眼上高臺。

## 己丑除夕題吴辛旨詩

人境高吟跡已陳，蒹葭墓草幾回春。説詩健者今誰是，過嶺南來得此人。
天寒歲暮對茫茫，灰燼文章暗自傷。賸把十年心上語，短毫濡淚記滄桑。

## 庚寅人日

嶺梅人日已無花，獨對空枝感歲華。黄鷂魯連羞有國，白頭摩詰尚餘家。催歸北客心終怯，久味南烹意可嗟。閉户尋詩亦多事，不如閉眼送生涯。

## 庚寅元夕用東坡韻

過嶺南來便隔天，一冬無雪有花妍。山河已入宜春檻，身世真同失水船。明月滿牀思舊節，驚雷破柱報新年。是夕有空襲。魚龍寂寞江城暗，知否姮娥换紀元。

## 庚寅春日答吴雨僧重慶書

絳都赤縣滿兵塵，嶺表猶能寄此身。菜把久叨慙杜老，桃源今已隔秦人。悟禪獦獠空談頓，望海蓬萊苦信真。千里報書唯一語，白頭愁對柳條新。

## 庚寅廣州七夕

嶺樹遮樓暗碧霄，柳州今夕倍無憀。金甌已缺雲邊月，銀漢猶通海上潮。領略新涼驚骨透，流傳故事總魂銷。人間自誤佳期了，更有佳期莫怨遥。

## 庚寅廣州中秋作

秦時明月滿神州，獨對嬋娟發古愁。影底河山初换世，天涯節物又驚秋。吴剛斤斧徒聞説，庾信錢刀苦未求。庾開府詩云：人生一百年，得意惟三五。何處覓錢刀，求爲洛陽賈。欲上高寒問今夕，人間惆悵雪盈頭。

霜紅龕集望海詩云「一燈續日月不寐照煩惱不生不死間如何爲懷抱」感題其後

不生不死最堪傷，猶說扶餘海外王。同入興亡煩惱夢，霜紅一枕已滄桑。

題冼玉清教授修史圖

流輩争推續史功，文章羞與俗雷同。若將女學方禪學，此是曹溪嶺外宗。
千竿滴翠鬥清新，一角園林貌得真。忽展圖看長歎息，窗前東海已揚塵。

答曉瑩辛卯元旦見贈

法喜辛勤好作家，維摩頭白逐無涯。夫妻貧賤尋常事，亂世能全未可嗟。

## 附原作

浮海相攜嶺外家，守貧何礙到天涯。今朝週甲初安度，漂泊頻年無限嗟。

## 辛卯廣州元夕用東坡韻

嶺表春回欲雨天，新蒲細柳又争妍。淅矛炊劍朝朝飯，泛宅浮家處處船。幾換魚龍餘此夕，渾忘節物是何年。風鬟霧鬢銷魂語，賸與流人紀上元。

## 首夏病起

因血壓高服安眠藥臥牀兼旬始起。

刀風解體舊參禪，晉法護譯禪經詳論人死時刀風解體之苦。一榻昏昏任化遷。病起更驚春意盡，緑陰成幕聽鳴蟬。

## 舊史

厭讀前人舊史編，島夷索虜總紛然。魏收沈約休相誚，同是生民在倒縣。

## 辛卯廣州端午

菖蒲似劒還生緑，艾葉如旗不閃紅。唯有沈湘哀郢淚，彌天梅雨却相同。

## 寄瞿兑之

獨樂園花入夢秋，丁巳秋客長沙，寄寓壽星街雅禮學會，即文慎公舊第也。詩筒驚喜見公休。兒郎涑水空文藻，家國沅湘總淚流。此日人天無上策，舊京宫苑有邊愁。論交三世今餘幾，一别滄桑共白頭。

丙戌居成都五十六歲初度有句云「願得時清目復朗扶攜同泛峽江船」辛卯寓廣州六十二歲生日忽憶前語因作二絶並贈曉瑩

七載流離目愈昏，當時微願了無存。從今飽吃南州飯，穩和陶詩晝閉門。

扶病披尋强不休，燈前對坐讀書樓。餘年若可長如此，何物人間更欲求。

廣雅堂詩集有詠海王村句云「曾聞醉漢稱祥瑞何況千秋翰墨林」昨聞客言琉璃廠書肆之業舊書者悉改業新書矣

迂叟當年感慨深，貞元醉漢託微吟。而今舉國皆沈醉，何處千秋翰墨林。

辛卯七夕

乞巧樓頭雁陣橫，秦時月照古邊城。已涼秋夜簾深捲，難暖羅衾夢未成。天上又聞傷離别，人間虚説誓長生。今宵獨抱綿綿恨，不是唐皇漢帝情。

### 舊曆七月十七日贈曉瑩

一笑風光似昔年，妝成時世鏡臺前。群雛有命休縈念，即是鍾陵寫韻仙。

### 附答韻

曉瑩

陵谷遷移廿四年，依然笑語晚燈前。文吴韻事吾能及，同隱深山便是仙。

### 送朱少濱教授退休卜居杭州

同酌曹溪我獨羞，江東舊義雪盈頭。君今飽啖茘支去，誰話貞元七十秋。嘗與君論光緒壬午科鄉試事。

無改鄉音望若仙，鏡湖乞得比前賢。他年上冢之江畔，寅恪先塋在六和塔後牌坊山。更和新詩結後緣。

## 有感 辛卯舊曆八月初十日

葱翠川原四望寬，年年遥祭想荒寒。空聞白墓澆常濕，豈意青山葬未安。一代簡編名字重，幾番陵谷碣碑完。趙佗猶自懷真定，槧痛孤兒淚不乾。

## 答沈得霖陳植儀夫婦

殘廢何堪比古賢，昭琴雖鼓等無絃。杜陵菜把難言飽，彭澤桃源早絶緣。講校生涯傷馬隊，著書勛業誤蟫仙。羡君管趙蓬萊侶，文采燔功一慨然。

## 題與曉瑩結婚廿三年紀念合影時辛卯秋寄寓廣州也

短簷高屋總違時，相逐南飛繞一枝。照面共驚三世改，齊眉微惜十年遲。買山巢許寧能隱，浮海宣尼未易師。賴得黄花慰愁寂，秋來猶作艷陽姿。

## 卜式

卜式輸財助拓邊，弘羊主計散官錢。相違却有相成妙，何事相攻笑後賢。

## 改舊句寄北 參丁亥春日清華園作

葱葱佳氣古幽州，隔世相望淚不收。桃觀已非前度樹，藁街翻是最高樓。名園北監空多士，
老父東城賸獨憂。回首卅年眠食地，模糊殘夢上心頭。

## 壬辰廣州元夕收音機中聽張君秋唱祭塔

雷峰夕照憶經過，物語湖山恨未磨。唯有深情白娘子，最知人類負心多。
元夕聞歌百感併，淒清不似舊時聲。天涯誰共傷羈泊，出得京城了此身。

## 壬辰春日作

細雨殘花晝掩門，結廬人境似荒村。簡齋作客三春過，裴淑知詩一笑温。南渡飽看新世局，北歸難覓舊巢痕。芳時已被冬郎誤，何地能招自古魂。

## 男旦

改男造女態全新，鞠部精華舊絶倫。太息風流衰歇後，傳薪翻是讀書人。

## 偶觀十三妹新劇戲作

塗脂抹粉厚幾許，欲改衰翁成姹女。滿堂觀衆笑且憐，黄花一枝秋帶雨。紅柳村中怪事多，開人燕北費描摹。周三狡計原因爾，鄧九甘心可奈何。

證羊見慣借粗奇，生父猶然況本師。不識董文因痛詆，時賢應笑步舒癡。

呂步舒

曉瑩生日賦一詩爲壽

園林五月晚微涼，兼味盤飧共舉觴。理鬢未愁臨鏡影，畫眉應問入時妝。幾回客裏逢兹日，何處寰中似故鄉。記否鳳城初見夕，榴花如火白蓮香。

曉瑩祖南注公光緒戊戌春間所書詩幅寅恪昔年旅居香江時值太平之戰略有毀損今重裝畢敬題四絶句於後其第三第四兩首乃次原韻也

横海雄圖事已空，尚瞻遺墨想英風。古今多少興亡恨，都付扶餘短夢中。

當年詩幅偶然懸，因結同心悟宿緣。果贗一枝無用筆，飽濡鉛淚記桑田。

一卷新裝劫後開，劫痕猶似污炱煤。湖山明媚雖依舊，舊日春光去不回。

頻年家國損朱顏，鏡裏愁心鎖疊山。行盡鐵圍層底路，儻能偕老得餘閒。

**附南注生原作**（按：南注生，曉瑩師母祖父唐景崧之別號。戊戌爲光緒二十四年。光緒二十一年三月馬關條約訂立，唐始離臺灣巡撫職，退隱桂林。）

**爲人作書口占二絶冬陰已久立春忽晴亦快事也**

蒼旻沈沈忽霽顏，春光依舊媚湖山。補天萬手忙如許，蓮蕩樓臺鎮日閒。

盈箱縑素偶然開，任手塗鴉負麝煤。一管書生無用筆，舊曾投去又收回。

癸巳元日贈曉瑩

燒餘紅燭嶺梅邊，珍重殘妝伴醉眠。枕上忽聞花氣息，夢驚魂斷又新年。

廣州癸巳元夕用東坡韻

海月昏黄霧隔天，人間何處照春妍。繞身眷屬三間屋，驚夢風波萬里船。久厭魚龍喧永夜，待看桃杏破新年。先生過嶺詩爲曆，此是南來四上元。

次韻和朱少濱癸巳杭州端午之作

驚心節物到端陽，作客猶嗟滯五羊。艾詡人形終傀儡，槐酣蟻夢更荒唐。南遊已記玄蛇歲，北味渾忘白虎湯。醫家稱西瓜爲天生白虎湯。粤濕燕寒俱所畏，錢唐真合是吾鄉。

癸巳六月十六夜月食時廣州苦熱再次前韻

墨儒名法道陰陽，閉口休談作啞羊。屯戍尚聞連浿水，文章唯是頌陶唐。海天明月傷圓缺，嶺樹重樓困火湯。一瞬百年强半過，不知何處覓家鄉。

## 癸巳七夕

離合佳期又玉京，靈仙幽怨總難明。赤城絳闕秋閨夢，碧海青天月夜情。雲外自應思往事，人間猶説誓來生。笑他欲挽銀河水，不洗紅妝洗甲兵。

## 廣州贈别蔣秉南

不比平原十日遊，獨來南海弔殘秋。瘴江收骨殊多事，骨化成灰恨未休。孫盛陽秋海外傳，所南心史井中全。文章存佚關興廢，懷古傷今涕泗漣。

## 詠黄籐手杖 并序

十五年前客雲南蒙自，得黄籐手杖一枝，友人刻銘其上曰：「陳君之策，以正衺欠。」因賦此詩，時癸巳仲冬也。

陳君有短策，日夕不可少。登牀始釋手，重把天已曉。晴和體差健，拄步庭園繞。歲久汗痕斑，染淚似湘篠。憶昔走滇南，黃虬助非小。時方遭國難，神瘁形愈槁。攜持偶登臨，聊復豁懷抱。摩挲勁節間，煩憂爲一掃。無何目失明，更視若至寶。擿埴便冥行，幸免兩邊倒。殘廢十年身，崎嶇萬里道。長物皆棄捐，唯此尚完好。支撑衰病軀，不作蒜頭搗。羞比杖鄉人，鄉關愁浩渺。家中三女兒，誰得扶吾老。獨倚一枝籐，茫茫任蒼昊。

### 癸巳除夕題曉瑩畫梅

晴雪映朝霞，相依守歲華。莫言天地閉，春色已交加。

### 甲午元日題曾農髯丈所畫齊眉綏福圖 圖爲瑩寅結婚時洞房壁間所懸畫幅也

花枝含笑畫猶存，偕老渾忘歲月奔。紅燭高燒人並照，緑雲低覆鏡迴温。新妝幾換孤山面，淺筆終留倩女魂。珍重玳梁香雪影，他生重認舊巢痕。

## 寄題社稷壇牡丹畦 葉遐庵移植

名園古剎兩堪傷，剩博南安夢一場。姚魏移根猶易事，招魂難返楚蘭芳。

## 聞歌

江安淮晏海澄波，共唱梁州樂世歌。座客善謳君莫訝，主人端要和聲多。

## 貧女 甲午季秋

綺羅高價等珠璣，白疊雖廉限敢違。幸有阿婆花布被，挑燈裁作入時衣。

## 無題

世人欲殺一軒渠，弄墨然脂作計疏。猧子太真外傳有康國猧子之記載，即今外人所謂北京狗，吾國人則呼之爲哈吧狗。元微之夢遊春詩「嬌娃睡猶怒」與春曉絶句之「狌兒撼起鐘聲動」皆指此物，夢遊春之「娃」乃「狌」字誤，淺人所妄改者也。吠聲情可憫，狙公賦芧意何居。早宗小雅能談夢，未覓名山便著書。回首卅年題尾在，處身夷惠泣枯魚。昔年跋春在翁有感詩云，處身於不夷不惠之間。

讀昌黎詩遙想燕都花事

無力薔薇臥晚愁，有情芍藥淚空流。東皇若教柔枝起，老大猶堪秉燭遊。

黄皆令畫扇有柳如是題陳臥子詞詞云「無非是怨花傷柳一樣怕黄昏」感題二絶（按第二首佚）

美人對影傷憔悴，烈士魂銷感別離。一樣黄昏怨花柳，可憐一樣負當時。

乙未陽曆元旦作時方箋釋錢柳因緣詩未成也

紅碧裝盤歲又新，可憐炊竈盡勞薪。太冲嬌女詩書廢，孺仲賢妻藥裹親。食蛤那知天下事，然脂猶想柳前春。河東君次牧齋冬日泛舟詩云：「春前弱柳窺青眼。」炎方六見梅花笑，惆悵仙源最後身。

## 乙未陽曆元旦詩意有未盡復賦一律

高樓冥想獨徘徊，歌哭無端紙一堆。天壤久銷才女氣，江關誰省暮年哀。殘編點滴殘山淚，絶命從容絶代才。留得秋潭仙侶曲，陳臥子宋尚木集中俱有秋潭曲一篇，考證河東君前期事迹之重要資料也。人間遺恨總難裁。

## 乙未迎春後一日作

乍暖還寒幾换衣，今年節候與春違。黄鶯驚夢啼空苦，白雁隨陽倦未歸。披史獨悲朱墨亂，看花誰送紫紅飛。東坡文字爲身累，東坡詩云「平生文字爲吾累」。莫更尋詩累去非。陳去非詩云「亭角尋詩滿袖風」又云「更擬東坡嶺外文」。

## 寅恪六十六歲初度

莫辭一醉勸深杯，香檨芒果中之最上品名香檨。離支佐舊醅。郊外盤飧無異味，齋中楮硯見高才。考評陳范文新就，箋釋錢楊體別裁。回首燕郊初見日，恰排小酌待君來。

## 乙未中秋夕贈内即次去歲中秋韻

紅塵白髮任優遊，自笑玄真不繫舟。臨鏡花前如舊影，焚香亭上又中秋。濁醪有理心先醉，殘燭無聲淚暗流。終負人間雙拜月，高寒千古對悠悠。

## 和寅恪乙未中秋見贈次原韻

曉瑩

天涯去住總優遊，身世頻年一鈎舟。近岸魚兒常避影，高空桂子又知秋。獨邀明月三人醉，不挂風帆萬里流。珍重團欒今夕景，古來多少恨悠悠。

丙申春偶讀杜詩「唯見林花落」之句戲成一律

林花天上落紅芳，飄墮人間共斷腸。阿母筵開争罵座，太真仙去願專房。按歌未信宫商换，學舞端憐左右忙。休問大羅雲外事，春陰終護舊栽棠。

從化温泉口號二首

火雲蒸熱漲湯池，待洗傾城白玉脂。可惜西施心未合，衹能留與浴東施。醫言患心臟病者不宜浴此泉。

曹溪一酌七年遲，冷暖隨人腹裏知。未解西江流不盡，漫誇大口馬禪師。余日飲温泉水一盞。

丙申六十七歲初度曉瑩置酒爲壽賦此酬謝

紅雲碧海映重樓，初度盲翁六七秋。織素心情還置酒，然脂功狀可封侯。時方箋釋河東君詩。平生所學供埋骨，晚歲爲詩欠砍頭。幸得梅花同一笑，炎方已是八年留。

丙申七夕作時蘇彝士運河問題方甚囂塵上也

炎暑依然汗不收，未知何處是新秋。金閨有願陳瓜果，銀漢無情隔女牛。人世怨恩空擾擾，天公心意總悠悠。更憐横貫三洲水，也作紅牆一夜流。

戲題余秋室繪河東君初訪半野堂小影

弓鞋逢掖訪江潭，奇服何妨戲作男。詠柳風流人第一，河東君金明池詠寒柳詞云：念疇昔風流，暗傷如許。非用謝道蘊詠絮事。畫眉時候月初三。河東君於崇禎十三年十一月二日入居牧齋新建之我聞室。李笠翁意中緣曲中，黃天監以「畫眉」爲「畫梅」，若從其言，則屬對更工切矣。一笑。東山小草今休比，南國名花老再探。牧齋以萬曆三十八年庚戌廷試以第三人及第，時年二十九歲。至崇禎十三年庚辰遇河東君時，年已五十九歲。好影育長終脈脈，見世說新語紕漏類。興亡遺恨向誰談。

聽讀夏瞿禪新著姜白石合肥本事詞即依見贈詩原韻酬之

紅樓隔雨幾回望，衣狗浮雲變白蒼。天寶時裝嗤老大，洛陽格義墮微茫。詞中梅影招魂遠，嶺外鶯聲引興長。肥水東流無限恨，不徒兒女與年光。

丁酉首夏校園印度象鼻竹結實大如梨曉瑩學寫其狀寅恪戲題二絶

西天不恨移根遠，南國微憐結實遲。多少柔條摇落後，平安報與故人知。

青葱能保歲寒姿，畫裏連昌憶舊枝。留得春風應有意，莫教緑鬢負年時。

丁酉五日客廣州作

照影湘波又换裝，今年新樣費裁量。聲聲梅雨鳴筝訴，王少伯詩：「樓頭小婦鳴筝坐。」白樂天詩：「絃絃掩抑聲聲思，似訴平生不得志。」陣陣荷風整鬢忙。好扮艾人牽傀儡，苦教蒲劍斷鋃鐺。天涯節物鰣魚美，莫負榴花醉一場。

## 丁酉七夕

萬里重關莫問程，今生無分待他生。低垂粉頸言難盡，右袒香肩夢未成。原與漢皇聊戲約，那堪唐殿便要盟。天長地久綿綿恨，贏得臨邛說玉京。

## 箋釋錢柳因緣詩完稿無期黄毓祺案復多疑滯感賦一詩

然脂暝寫費搜尋，楚些吴歌感恨深。紅豆有情春欲晚，黄扉無命陸終沈。機雲逝後英靈改，蘭萼來時麗藻存。拈出南冠一公案，可容遲暮細參論。

## 南海世丈百歲生日獻詞

此日欣能獻一尊，百年世局不須論。看天北斗驚新象，記夢東京惜舊痕。元祐黨家猶有種，指新會某世交也。平泉樹石已無根。借用李文饒平泉山居戒子孫記中「非吾子孫」之意。玉谿滿貯傷春淚，未肯明流且暗吞。

春盡病起宴廣州京劇團并聽新谷鶯演望江亭所演與張君秋微不同也

（按此題本三首，一二三兩首佚。）

兼旬病過杜鵑花，陸務觀新夏感事詩云：病起兼旬疏把酒，山深四月始聞鶯。强起猶能迓客車。天上素娥原有黨，錢受之中秋夕翫月詩云：「天上素娥亦有黨。」人間紅袖尚無家。謂座客之一。關心曲藝休嫌晚，置酒園林儘足誇。世態萬端同是戲，何妨南國異京華。

遥祝少濱世先生八十生日即次自述詩原韻

雜花生樹語鶯兒，三月江南正此時。訪古偶過蘇小小，和詞還涉李師師。護摩北斗非無相，名勝西湖總有詩。聞説稱觴初八十，更欣吾道未陵夷。

聽演桂劇改編桃花扇劇中香君沈江而死與孔氏原本異亦與京劇改本不同也

興亡遺事又重陳，北里南朝恨未申。桂苑舊傳天上曲，桃花新寫扇頭春。是非誰定千秋史，哀樂終傷百歲身。鐵索長江東注水，年年流淚送香塵。

庚子春張君秋來廣州演狀元媒新劇時有人於臺前攝影戲作一詩

育長迴影更多姿，金鎖初除欲語時。今夕聞歌還一笑，嶺南春好落花遲。

又別作一首

不歌頳尾唱紅顏，翻感江關庾子山。何意香南漸消歇，又將新調醉人寰。

寄懷杭州朱少濱

東坡聊可充中隱，吏部終難信大顛。南海西湖同一笑，鳥鳴花放自年年。

## 辛丑七月雨僧老友自重慶來廣州承詢近況賦此答之

五羊重見九迴腸，雖住羅浮別有鄉。留命任教加白眼，著書唯賸頌紅妝。近八年來草論再生緣及錢柳因緣釋證等文凡數十萬言。鍾君點鬼行將及，湯子抛人轉更忙。爲口東坡還自笑，老來事業未荒唐。

## 贈吴雨僧

問疾寧辭蜀道難，相逢握手淚汍瀾。暮年一晤非容易，應作生離死別看。

因緣新舊意誰知，滄海栽桑事已遲。幸有人間佳親在，杜蘭香去未移時。玉谿生重過聖女祠原句。

圍城玉貌還家恨，桴鼓金山報國心。孫盛陽秋存異本，遼東江左費搜尋。

弦箭文章那日休，蓬萊清淺水西流。鉅公謏詡飛騰筆，不出卑田院裏遊。

## 辛丑除夕作 并序

辛丑除夕立春，壬寅元旦日食。又日月合璧，五星聯珠，東南亞諸國受天竺天文星曆之影響者，其人民皆羣集祈禱，以爲世界末日將至。與吾國以此天象爲堯舜盛世之祥瑞者，大異其解。古今中外所見互殊，斯其一例矣。寅恪生於光緒庚寅，推命家最忌本運年。今寄寓羊城，羊城之得名，由於堯時仙人五羊之傳說，故詩語戲及之也。

元旦驚聞警日躔，迎春除夕更茫然。裁紅暈碧今何世，合璧聯珠別有天。虎歲儻能逃佛劫，羊城猶自夢堯年。病魔窮鬼相依慣，一笑無須設餞筵。

## 壬寅元夕作用東坡二月三日點燈會客韻

瞑入非非色相天，難分黑白辨媸妍。人情未許忘燈節，世事唯餘照酒船。戲海魚龍千萬里，知春梅柳六三年。光緒庚子元夕，先母口授姜白石「元夕不出」詞，中有「柳慳梅小未教知」之語。江河點綴承平意，對淡巴菰作上元。時有餽大中華牌紙煙者。

一九六二年三月二十九夕廣州京劇團新谷鶯諸君來中山大學清唱追感六年前舊事仍賦七絶三首以紀之（按此三絶句僅存第一第三兩首。第二首存「戴子黄柑酒可傾」首句，下佚。）

歌動重樓映海光，病夫乘興亦看場。今宵春與人同暖，倍覺承平意味長。

文字聲名不厭低，東坡詩句笑兼啼。千秋有命存殘稿，六載無端詠舊題。

壬寅清明病中作

身隱之推焉用文，木棉花落自紛紛。鹿門山遠龐公病，望斷東坡嶺外雲。

憶燕山浸水河舊居賦此詩時爲曉瑩生日即以是篇爲壽可也

庭院清陰四柳垂，鳳城西角訪幽姿。新妝病起渾忘倦，滄海人來稍恨遲。感世春山舒疊翠，傾心秋水記流漪。嶺南偕老今回首，换却長安幾局棋。

## 壬寅中秋夕博濟醫院病榻寄内

平生三度感中秋，博濟昆明渤海舟。此三度皆有東坡水調歌頭之感。腸斷百年垂盡日，清光三五共離憂。庾子山對酒歌云：人生一百年，歡樂唯三五。

## 壬寅小雪夜病榻作

任教憂患滿人間，欲隱巢由不買山。賸有文章供笑駡，那能詩賦動江關。今生積恨應銷骨，後世相知倘破顔。疏屬汾南何等事，衰殘無命敢追攀。

## 舊曆壬寅六月十日入居病院療足疾至今日適爲半歲而足疾未愈擬將還家度歲感賦一律

不比遼東木蹋穿，那能形毀更神全。今生所賸真無幾，後世相知或有緣。脈脈暗銷除歲夕，依依聽唱破家山。念家山破，乃曲調之名。吴梅村弔董白詩云「念家山破，定風波」者是也。近撰文頗論董小宛董鄂妃事，故語及之。至先刪兩韻古通，觀再生緣第十九卷首二句即其一例。有人謂陳端生間用杭州土語押韻，未知所指何詞句，俟得暇詳檢。酒兵愁陣非吾事，把臂詩魔一粲然。

## 病中南京博物院長曾昭燏君過訪話舊並言將購海外新印李秀成供狀以詩紀之

雲海光銷雪滿顛，重逢膑足倍悽然。淵灑洛下猶餘地，韋杜城南莫問天。雄信讞詞傳舊本，昆明劫灰話新煙。論交三世無窮意，吐向醫窗病榻邊。

## 癸卯正月十一日立春是夕公園有燈會感賦

南國輕寒細雨天，老夫病榻意蕭然。裁紅暈碧今何處，插柳張燈更一年。涉世久經刀刺舌，聞歌渾忘雪盈顛。窗前東北風方急，薄絮衣成候又遷。

## 癸卯元夕作用東坡韻

燈節寒風欲雨天，淩波憔悴尚餘妍。病室中有水仙一株。山河來去移春檻，身世存亡下瀨船。自信此生無幾日，未知今夕是何年。羅浮夢破東坡老，那有梅花作上元。

## 十年以來繼續草錢柳因緣詩釋證至癸卯冬粗告完畢偶憶項蓮生鴻祚云「不爲無益之事何以遣有涯之生」傷哉此語實爲寅恪言之也感賦二律

橫海樓船破浪秋，南風一夕抵瓜州。石城故壘英雄盡，鐵鎖長江日夜流。惜別漁舟迷去住，封侯閨夢費綢繆。八篇和杜哀吟在，此恨綿綿死未休。

世局終銷病榻魂，謻臺文在未須言。高家門館恩誰報，陸氏莊園業不存。遺屬只餘傳慘恨，著書今與洗煩寃。明清痛史新兼舊，好事何人共討論。

## 癸卯冬至日感賦

倦暖嬌寒秋似春，匆匆南至又今辰。四時節候頻催老，十部儒流敢道貧。石火乾坤重换劫，劒炊身世更傷神。文章堆几書驢券，可有香山樂府新。

## 甲辰元旦余撰春聯云「豐收南畝春前雨先放東風嶺外梅」又除夕前買花數株故第四句第六句述其事也

我今自號過時人，一榻蕭然了此身。藥裹那知來日事，花枝猶憶去年春。北風悽緊逢元旦，南畝豐登卜甲辰。閉户高眠辭賀客，任他嗤笑任他嗔。

## 甲辰人日作

昔年人日錦官城，曾訪梅花冒雨行。嶺表今朝頭早白，疎枝冷蕊更關情。

## 甲辰元夕作次東坡韻 并序

余深喜元夕張燈猶存舊俗惜不能飲酒負此良宵詩中第一聯即述斯意也。

凍雨寒風乍息天，瓶花病室媚幽妍。猶存先祖玄貂臘，不倒今宵綠蠟船。鳳翼韶光春冉冉，羊城燈節夜年年。仙雲久墮羅浮阻，作惡情懷過上元。

## 甲辰春分日贈向覺明

慈恩頂骨已三分，西竺遥聞造塔墳。吾有豐干饒舌悔，羡君辛苦綴遺文。

## 甲辰天中節即事和丁酉端午詩原韻

争傳飛燕倚新裝，看殺風流趙豔娘。林邑馴犀勞遠使，崑崙貴客滿高堂。青蛇白蟒當年戲，綠糉紅花此日忙。節物不殊人事改，且留殘命卧禪牀。

## 戲題有學集高會堂詩後（按：此詩不知何年作，姑附此）

竹外橫斜三兩枝，分明不是暮春期。未知輕薄芳姿意，得會衰殘野老思。萬里西風吹節換，夕陽東市索琴遲。可憐詩序難成讖，十月桃花欲笑時。

# 詩存補遺

原擬再輯録「寅恪先生詩存補編」一卷，附印原刊《詩存》後。惜原稿不可得，作罷。兹將後得詩若干首附刊於後。

蔣天樞補識　一九八一年五月五日

## 乙酉八月聽讀張恨水著水滸新傳感賦

誰締宣和海上盟，燕雲得失涕縱横。花門久已留胡馬，柳塞翻教拔漢旌。妖亂豫么同有罪，戰和飛檜兩無成。夢華一録難重讀，莫遣遺民説汴京。（按：此詩已刊於一九八一年一月十九日香港大公報副刊，但失題，且有錯字，補刊如上。）

新清平調一首（乙酉）

果是佳期更及期，臺城煙柳鬥腰肢。重申兒女三生誓，再造河山一統時。青骨成神端可信，白（一作黑）頭如故莫相疑。金甌微缺花仍好，且唱清平樂府詞。

報載某會有梅蘭芳之名戲題一絶（己丑）

蜂户蟻（音娥）封一聚塵，可憐猶夢故都春。曹蜍李志名雖衆，只識香南絶代人。

歌舞

歌舞從來慶太平，而今戰鼓尚争鳴。審音知政關興廢，此是師涓枕上聲。

葉遐厂自香港寄詩詢近狀賦此答之（己丑）

道窮文武欲何求，殘廢流離更自羞。垂老未聞兵甲洗，偷生争爲稻粱謀。招魂楚澤心雖在，續命河汾夢亦休。忽奉新詩驚病眼，香江回憶十年遊。

庚寅仲夏友人繪清華園故居圖見寄不見舊時手植海棠感賦一律即用戊子春日原韻

小園短夢亦成陳，誰問神州尚有神。不信神州尚有神，王湘綺圓明園詞句也。吃菜共歸新教主，種花真負舊時人。鴻毛一例論生死，馬角三年换笑嚬。嶺表流民頭滿雪，可憐無地送殘春。

文章

八股文章試帖詩，宗朱頌聖有成規。白頭宫女哈哈笑，眉樣如今又入時。

春秋

石碏純臣義滅親，祭姬一父辨人倫。春秋舊説今皆廢，獨諱尊賢信是真。

丁酉上巳前二日廣州京劇團及票友來校清唱即賦三絶句

暮年蕭瑟感江關，城市郊園倦往還。來譜雲和琴上曲，鳳聲何意落人間。謂張淑雲孫艷琴兩團員及伍鳳儀女士。

沈鬱軒昂各有情，謂男團員及票友好馮絃管唱昇平。杜公披霧花仍隔，戴子聽鸝酒待傾。新谷鶯華蘭蘋兩團員未來。

紅豆生春翠欲流，聞歌心事轉悠悠。貞元朝士曾陪座，四十餘年前在滬陪李瑞清丈觀譚鑫培君演連營寨，後數年在京又陪樊增祥丈觀譚君演空城計。一夢華胥四十秋。

前題余秋室繪河東君訪半野堂小影詩意有未盡更賦二律（丁酉）

岱嶽鴻毛説死生，當年悲憤未能平。佳人誰惜人難得，故國還憐國早傾。柳絮有憐還自媚，桃花無氣欲何成。楊妃評泊然脂夜，流恨師涓枕上聲。佛土文殊欲化塵，如何猶寫散花身。白楊幾換墳前樹，紅豆長留世上春。天壤茫茫原負汝，海桑渺渺更愁人。衰殘敢議千秋事，賸詠崔徽畫裏真。

丁酉首夏贛劇團來校演唱牡丹對藥梁祝因緣戲題一詩

金樓玉茗了生涯，年來頗喜小説戲曲，梁祝事始見於蕭七符書也。老去風情歲歲差。細雨競鳴秦吉了，故園新放洛陽花。相逢南國能傾國，不信仙家果出家。共入臨川夢中夢，聞歌一笑似京華。

題王觀堂人間詞話及人間詞話新刊本

世運如潮又一時，文章得失更能知。沈湘哀郢都陳迹，賸話人間絶妙詞。